TOUS EN CUISINE !

120 RECETTES À PARTAGER

Plats rapides pour le soir

SOMMAIRE

GASPACHO ÉPINARDS, PETITS POIS, ROQUEFORT

POUR 6 PERSONNES • PRÉPARATION : 15 MIN • CUISSON : 3 MIN

200 g d'épinards + 200 g de petits pois frais écossés + 200 g de roquefort
40 à 50 cl de bouillon de légumes + 2 cuil. à soupe d'huile de noix
2 tranches de jambon cru + 12 glaçons + Sel, poivre

❒ Lavez les feuilles d'épinard et essorez-les.

❒ Mettez-les dans le bol d'un blender avec les petits pois et les ⅔ du roquefort émietté. Ajoutez le bouillon, l'huile de noix et les glaçons. Mixez longuement.

❒ Goûtez, puis salez et poivrez selon votre goût.

❒ Coupez les tranches de jambon cru en 3 lamelles. Faites-les dorer à la poêle de chaque côté.

❒ Servez dans des verres, avec les lamelles de jambon et le reste de roquefort émietté.

Vous pouvez remplacer les petits pois frais par des petits pois surgelés. Dans ce cas, n'ajoutez pas de glaçons.

SOUPE FROIDE DE PETITS POIS ET CHANTILLY AU CHÈVRE

POUR 6 PERSONNES • PRÉPARATION : 15 MIN

600 g de petits pois (frais ou surgelés) + 100 g de fromage de chèvre frais
20 cl de crème liquide entière + 9 brins de ciboulette
40 à 50 cl de bouillon de légumes froid
(éventuellement à base de préparation déshydratée) + 12 glaçons + Sel, poivre

❒ Lavez la ciboulette, séchez-la. Ciselez 3 brins et réservez-les.

❒ Mixez au robot le fromage et la crème liquide. Fouettez la préparation obtenue jusqu'à obtenir une consistance épaisse.

❒ Rassemblez, dans le bol d'un blender, les petits pois, le bouillon (plus ou moins selon la texture désirée), les brins de ciboulette entiers et les glaçons. Mixez longuement.

❒ Goûtez, salez et poivrez selon votre goût.

❒ Versez la soupe dans des verres ou des assiettes creuses, agrémentez-la d'une quenelle de chantilly prélevée à la cuillère. Saupoudrez de ciboulette et servez aussitôt.

Vous pouvez modifier légèrement cette recette en remplaçant le fromage de chèvre frais par du fromage frais à l'ail et aux fines herbes.

BOUILLON, CHOU KALE, QUINOA ET RIZ ARBORIO

POUR 6 PERSONNES • PRÉPARATION : 10 MIN • CUISSON : 40 MIN

2 l de bouillon de légumes + 200 g de riz arborio + 1 bouquet de chou kale (300 g)
200 g de quinoa + 2 filets d'anchois + 60 g de noix torréfiées + un peu pour le service
60 g de parmesan râpé + quelques copeaux de parmesan

Pour servir : 1 oignon + 3 gousses d'ail + 12 cl de vin blanc + ½ citron (zestes)
Huile d'olive + Piment d'Espelette + Sel, poivre

❒ Faites cuire le quinoa dans deux fois son volume d'eau, portez à ébullition et laissez cuire à couvert une vingtaine de minutes ; égouttez.

❒ Pendant ce temps, portez le bouillon à ébullition. Pelez et hachez l'oignon et l'ail. Lavez et hachez le chou kale.

❒ Dans une cocotte, faites chauffer 1 filet d'huile d'olive et faites revenir l'oignon pendant 4 minutes avec 1 pincée de sel. Ajoutez les filets d'anchois et écrasez-les avec le dos d'une cuillère en bois ; mélangez.

❒ Ajoutez le riz et l'ail, laissez cuire 4 minutes puis versez le vin blanc tout en mélangeant. Lorsque le vin est évaporé, ajoutez le bouillon, louche par louche, ainsi que le chou kale, en alternant, pendant 25 minutes, jusqu'à ce que le riz soit tendre (comme pour un risotto).

❒ Ajoutez le quinoa, les noix, le parmesan et les zestes de citron. Mélangez pendant 1 minute, salez et poivrez.

❒ Parsemez de quelques noix et de copeaux de parmesan, d'un peu de piment d'Espelette et servez aussitôt.

BOUILLON DE LÉGUMES AUX ORECCHIETTE

POUR 4 PERSONNES • PRÉPARATION : 10 MIN • CUISSON : 15 MIN

240 g d'orecchiette + 1 petite carotte coupée en cubes + 1 petit navet coupé en cubes
1 petite pomme de terre coupée en cubes + 1 petit poireau émincé + 1 petit oignon nouveau épulché coupé en morceaux + 4 poignées de pousses d'épinard + 1 bouquet garni
1 cuil. à café d'huile d'olive + Sel, poivre

❒ Mixez ensemble la carotte, le navet, la pomme de terre, le poireau et l'oignon assez finement.

❒ Faites revenir ces légumes dans une casserole avec l'huile et le bouquet garni pendant 3 minutes en remuant régulièrement, puis ajoutez 1 litre d'eau chaude. Salez et poivrez à votre goût et laissez cuire 12 minutes.

❒ Pendant ce temps, faites cuire les pâtes dans de l'eau bouillante le temps indiqué sur l'emballage.

❒ Filtrez le bouillon en réservant les légumes et en enlevant le bouquet garni.

❒ Répartissez les pousses d'épinard dans des bols, versez par-dessus les pâtes et le bouillon, puis déposez 1 cuillerée à soupe de légumes.

SOUPE À L'OIGNON

POUR 4 PERSONNES • PRÉPARATION : 10 MIN • CUISSON : 30 MIN

500 g d'oignons émincés + 90 g de comté râpé + 40 g de farine + 20 g de beurre
2 cuil. à soupe d'huile d'arachide + 8 tranches de baguette + Sel, poivre

❒ Faites chauffer l'huile et le beurre dans une grande sauteuse. Quand le beurre est fondu, ajoutez les oignons, salez un peu et poivrez généreusement. Faites revenir à feu moyen 15 minutes, jusqu'à ce que les oignons commencent à roussir.

❒ Ajoutez la farine et mélangez, laissez roussir encore 5 minutes. Versez 75 cl d'eau froide, mélangez pour délayer l'ensemble et décoller les sucs du fond de la sauteuse, puis laissez cuire 5 minutes.

❒ Ajoutez 60 g de comté, mélangez et servez dans des bols. Parsemez le reste du comté sur les bols et passez-les 5 minutes sous le gril.

❒ Faites griller les tranches de baguette au grille-pain et ajoutez-les à la soupe. Servez sans attendre.

GRAND POTAGE AUX CREVETTES ET AUX NOUILLES

POUR 4 PERSONNES • PRÉPARATION : 15 MIN • CUISSON : 12 MIN

1 l de fumet aux crevettes filtré ou 1 l d'eau + 2 bouillons cubes de poisson
20 cl de crème de coco + 300 g de nouilles de riz + 12 grandes crevettes Label Rouge ou bio épluchées + 1 cuil. à soupe d'huile d'arachide ou de pépins de raisin
Piment doux en poudre + Coriandre

❒ Faites chauffer le fumet avec la crème de coco.

❒ Dans une grande casserole d'eau, faites cuire les nouilles de riz. Égouttez-les et répartissez-les dans 4 bols.

❒ Fendez les crevettes dans toute la longueur sur la partie dorsale et faites-les sauter dans une poêle avec de l'huile et un peu de piment doux.

❒ Versez le fumet au coco dans les bols. Répartissez les crevettes sautées et parsemez de pluches de coriandre.

VELOUTÉ DE BROCOLI ET TARTINES AU BLÉ

POUR 4 PERSONNES • PRÉPARATION : 5 MIN • CUISSON : 14 MIN

1 baguette coupée en deux, puis tranchée en deux dans le sens de la longueur
200 g de fourme d'Ambert écroûtée et écrasée à la fourchette + 1 beau bouquet de brocoli détaillé en petits bouquets + 1 petite pomme de terre coupée en cubes + 1 blanc de poireau coupé en tronçons + 60 cl de bouillon de légumes + 10 g de beurre + Sel, poivre

❒ Prélevez un tout petit bouquet de brocoli, mixez-le très finement en semoule et réservez-le.

❒ Mixez tous les légumes assez finement. Faites-les revenir 2 minutes avec le beurre dans une casserole à feu vif, puis ajoutez le bouillon de légumes. Salez et poivrez à votre goût et laissez cuire 12 minutes.

❒ Préparez les 4 tartines pendant ce temps : étalez le fromage sur le pain et passez les tartines sous un gril brûlant 3 minutes.

❒ Mixez finement le velouté à l'aide d'un robot plongeant et répartissez-le dans 4 bols, parsemez la semoule de brocoli et posez une tartine par-dessus.

CRÈME DE LENTILLES CORAIL AU YAOURT CRÉMEUX

POUR 4 PERSONNES • PRÉPARATION : 5 MIN • CUISSON : 30 MIN

150 g de lentilles corail + 1 yaourt à la grecque au lait de brebis + 4 carottes + 2 échalotes 1 cuil. à soupe de persil ciselé + 1 cube de bouillon de légumes + 1 cuil. à café de cumin en poudre + 1 cuil. à café de coriandre en poudre + Le jus de ½ citron + Sel, poivre

❒ Épluchez les carottes et les échalotes, et coupez-les en morceaux. Placez les carottes, les échalotes, les lentilles et le cube de bouillon dans une casserole remplie de 1 litre d'eau. Portez à ébullition, couvrez, baissez le feu et laissez mijoter 25 minutes à feu doux.

❒ Dans un bol, mélangez à la fourchette le yaourt, le jus de citron, le cumin, la coriandre, le persil. Salez et poivrez.

❒ Mixez la soupe jusqu'à ce qu'elle soit bien crémeuse. Rectifiez l'assaisonnement.

❒ Servez la soupe dans des bols avec 1 cuillerée à soupe de crème de yaourt déposée au dernier moment.

VELOUTÉ DE COURGETTE AIL ET FINES HERBES

POUR 4 PERSONNES • PRÉPARATION : 5 MIN • CUISSON : 15 MIN

2 courgettes coupées en cubes + 10 cl de crème liquide entière + 120 g de Boursin®
60 cl de bouillon de légumes + 8 tranches de baguette + 1 gousse d'ail écrasée
1 cuil. à soupe de ciboulette hachée

❐ Portez le bouillon de légumes à ébullition et faites-y cuire les courgettes et l'ail 12 minutes à feu vif.

❐ Chauffez rapidement la crème et 60 g de Boursin® au four à micro-ondes. Mélangez. Retirez la soupe du feu, ajoutez la crème au Boursin® et la ciboulette, et mixez finement le tout. N'hésitez pas à ajouter du bouillon pour obtenir la consistance désirée.

❐ Répartissez le velouté dans les assiettes. Étalez le Boursin® restant sur les tranches de baguette et passez-les sous un gril brûlant juste pour les dorer. Servez-les avec le velouté.

SOUPE TRÈS RADIS

POUR 4 PERSONNES • PRÉPARATION : 3 MIN • CUISSON : 15 MIN

Les fanes d'une botte de radis + quelques fanes et tranches de radis pour décorer
1 pomme de terre coupée en petits cubes + ½ oignon haché grossièrement
½ cuil. à soupe d'huile d'olive + 60 cl de bouillon de légumes + Sel, poivre

❒ Mixez rapidement les fanes de radis, la pomme de terre et l'oignon, puis faites-les revenir avec l'huile pendant 3 minutes dans une casserole à feu vif, en remuant régulièrement.

❒ Ajoutez le bouillon et laissez cuire 12 minutes, salez et poivrez à votre goût, puis mixez le tout finement.

❒ Terminez en parsemant sur les assiettes quelques fanes et quelques tranches fines de radis.

VELOUTÉ POIREAUX-POMMES DE TERRE

POUR 4 PERSONNES • PRÉPARATION : 10 MIN • CUISSON : 25 MIN

250 g de pommes de terre pelées et coupées en cubes + Le blanc de 2 gros poireaux coupés en tronçons + 1 oignon pelé et coupé en quatre + 30 cl de bouillon de légumes en cube
20 g de beurre + Sel, poivre

- ❐ Râpez finement au robot-mixeur les poireaux, les pommes de terre et l'oignon ensemble.
- ❐ Faites chauffer le beurre dans une casserole. Ajoutez les légumes mixés et faites revenir 3 minutes en remuant régulièrement.
- ❐ Ajoutez le bouillon, salez et poivrez. Portez à ébullition. Puis baissez le feu, couvrez et laissez cuire 20 minutes.
- ❐ Mixez finement au mixeur plongeant avant de servir.

Utilisez des pommes de terre à purée pour que votre velouté soit vraiment onctueux !

VELOUTÉ DE CHAMPIGNONS

POUR 4 PERSONNES • PRÉPARATION : 15 MIN • CUISSON : 20 MIN

250 g de champignons de Paris nettoyés et coupés en gros morceaux + 1 gousse d'ail pelée et coupée en deux + 1 oignon pelé et coupé en quatre + 20 cl de lait + 20 cl de bouillon de légumes + 20 g de beurre + 1 cuil. à soupe de farine + Sel, poivre

❒ Mixez finement les champignons, l'ail et les oignons ensemble.

❒ Faites chauffer le beurre dans une casserole. Ajoutez les légumes mixés et faites-les revenir 3 minutes en remuant régulièrement.

❒ Ajoutez la farine et remuez 1 minute.

❒ Versez le lait et le bouillon, salez et poivrez. Portez à ébullition, puis baissez le feu, couvrez et laissez cuire 15 minutes.

❒ Mixez finement au mixeur plongeant avant de servir.

SOUPE DE RIZ AUX LÉGUMES

POUR 4 PERSONNES • PRÉPARATION : 10 MIN • CUISSON : 30 MIN

1 petit oignon + 1 poireau + 2 carottes + 1 cuil. à soupe d'huile d'olive ou 1 noix de beurre
50 g de riz + 2 cuil. à soupe de vin blanc + 1 cuil. à soupe de pâte miso
ou 1 bouillon cube de volaille + 2 brins de persil

❒ Nettoyez les légumes et coupez-les en morceaux égaux. Faites fondre l'oignon et le poireau dans l'huile, à feu moyen, pendant 10 minutes.

❒ Ajoutez le riz et les carottes. Remuez, puis déglacez au vin blanc. Ajoutez le miso et couvrez avec 1 litre d'eau. Laissez mijoter 20 minutes. Servez la soupe parsemée de persil ciselé.

SOUPE DE CAROTTES AU LAIT DE COCO

POUR 4 PERSONNES • PRÉPARATION : 10 MIN • CUISSON : 20 MIN

3 carottes + 1 patate douce + 50 cl de lait de coco + 1 pétale d'ail
1 pincée de poudre de curry ou de colombo + 2 cuil. à soupe de pignons de pin

❒ Épluchez et coupez les carottes et la patate douce en rondelles. Faites-les cuire pendant 15 minutes, à peine recouvertes d'eau, avec l'ail et l'épice.

❒ Égouttez la moitié de l'eau et ajoutez le lait de coco pour quelques minutes de cuisson supplémentaires.

❒ Mixez la soupe. Servez très chaud et parsemez de pignons de pin torréfiés.

On peut décorer cette soupe de quelques crevettes sautées ou de blanc de poulet grillé.

SOUPE PATATES DOUCES, LENTILLES ET CAJOU

POUR 4 PERSONNES • PRÉPARATION : 10 MIN • CUISSON : 50 MIN

3 cuil. à soupe d'huile de coco + 1 oignon + 10 g de gingembre + 2 cuil. à café de curcuma
2 cuil. à café de curry en poudre + 2 grosses patates douces + 1 l de bouillon de légumes
1 orange + 2 cuil. à soupe de sauce harissa + 2,5 cl de lait de coco + 1 échalote
250 g de lentilles + 4 à 6 cuil. à soupe de yaourt à la grecque + Quelques feuilles de coriandre + 80 g de noix de cajou torréfiées + Sel, poivre

❒ Faites cuire les lentilles avec trois fois leur volume d'eau. Portez à ébullition et laissez cuire à couvert une vingtaine de minutes, puis égouttez.

❒ Épluchez et hachez l'oignon. Épluchez et râpez finement le gingembre. Épluchez les patates douces et coupez-les en cubes.

❒ Dans une cocotte, faites fondre 1 cuillerée à soupe d'huile de coco puis ajoutez l'oignon jusqu'à ce qu'il devienne translucide, 2 minutes environ. Ajoutez le curcuma, le curry en poudre et le gingembre, mélangez pendant 1 minute puis ajoutez les patates douces et versez le bouillon dans la cocotte. Portez à ébullition et laissez mijoter 25 minutes environ jusqu'à ce que les patates douces soient tendres.

❒ Pressez l'orange, versez le jus dans la cocotte et mixez à l'aide d'un robot plongeant. Ajoutez la sauce harissa, le lait de coco, assaisonnez, mélangez et couvrez.

❒ Épluchez et émincez l'échalote. Laissez fondre l'huile de coco restante dans une poêle, ajoutez l'échalote et les lentilles, faites frire 2 minutes jusqu'à ce que celles-ci deviennent croquantes.

❒ Servez chaque bol avec du bouillon, 1 cuillerée à soupe de yaourt et de lentilles, quelques noix de cajou et parsemez de feuilles de coriandre.

SALADE AUX ASPERGES, FÈVES ET HARICOTS

POUR 4 PERSONNES • PRÉPARATION : 15 MIN • CUISSON : 10 MIN

300 g d'asperges surgelées + 300 g de fèves écossées surgelées + 300 g de haricots verts extrafins surgelés + 1 cuil. à soupe de ciboulette ciselée fraîche

Pour la sauce : 4 cuil. à soupe de vinaigre de cidre + 2 cuil. à soupe d'huile de noix 2 cuil. à soupe d'huile d'olive + 2 grosses cuil. à café de moutarde à l'ancienne + Sel, poivre

❒ Faites cuire les fèves dans l'eau bouillante pendant 5 minutes. En même temps, faites cuire les asperges et les haricots verts 10 minutes à la vapeur. Passez tous les légumes sous l'eau froide et égouttez-les. Coupez les asperges en 2 ou 3 selon leur longueur.

❒ Préparez la sauce : dans un bol, émulsionnez le vinaigre et la moutarde. Laissez reposer 1 minute, puis ajoutez les huiles, du sel, du poivre et émulsionnez à nouveau.

❒ Placez les légumes dans un saladier et arrosez-les de sauce. Parsemez de ciboulette et servez.

Ajoutez quelques croûtons de pain, des copeaux de parmesan et remplacez le vinaigre de cidre par du vinaigre balsamique.

SALADE DE CHOU AUX SAUCISSES DE STRASBOURG

POUR 4 PERSONNES • PRÉPARATION : 15 MIN • CUISSON : 25 MIN

500 g de pommes de terre à chair ferme type charlotte, ratte ou roseval
20 cl de crème fleurette + Le jus de ½ citron + 1 cuil. à soupe de sucre en poudre
1 cuil. à soupe de moutarde + ½ chou blanc + 2 saucisses de Strasbourg
2 cuil. à soupe de ciboulette ciselée + Sel, poivre

❒ Brossez les pommes de terre, puis faites-les cuire à l'eau, entières avec la peau.

❒ Au fond d'un saladier, mélangez la crème fleurette, la moutarde, le jus de citron et le sucre. Salez et poivrez.

❒ Émincez le chou au robot ou à la mandoline et ajoutez-le à la sauce. Laissez les saveurs infuser.

❒ Faites bouillir de l'eau. Coupez le feu et plongez les saucisses dans l'eau bouillante. Couvrez et laissez-les 5 minutes. Puis découpez-les en petites rondelles.

❒ Disposez les rondelles de saucisses sur la salade et parsemez le tout de ciboulette.

SALADE HARICOTS, QUINOA ET MAÏS

POUR 4 PERSONNES • PRÉPARATION : 15 MIN • CUISSON : 10 MIN

100 g de quinoa rouge + 250 g de haricots rouges en boîte + 150 g de maïs doux en boîte
½ oignon rouge + 1 avocat + 2 tomates + 1 piment doux vert + 1 piment doux rouge

Pour la sauce : Le jus de 1 citron + 4 cuil. à soupe d'huile d'olive + 2 cuil. à soupe de vinaigre de cidre + 1 cuil. à soupe de coriandre ciselée + Sel, poivre

❒ Faites cuire le quinoa en suivant les indications figurant sur l'emballage, puis égouttez-le et rincez-le sous l'eau froide.

❒ Égouttez et rincez les haricots rouges et le maïs. Pelez et émincez l'oignon rouge. Épépinez les tomates et les piments, puis coupez-les en dés. Ôtez la peau et le noyau de l'avocat et coupez-le en gros dés. Versez tous les légumes dans un saladier.

❒ Préparez la sauce en mélangeant tous les ingrédients, puis versez-la sur la salade.

SALADE DE LENTILLES CRÉMEUSES

POUR 3 À 4 PERSONNES • PRÉPARATION : 15 MIN • CUISSON : 20 MIN

Pour la salade : 250 g de lentilles vertes + 5 radis + 1 pomme
Quelques feuilles de salade ferme type romaine ou scarole

Pour la sauce : 1 cuil. à soupe de moutarde nature ou à l'estragon
½ cuil. à café de curcuma + 2 cuil. à soupe de crème fleurette
2 cuil. à soupe de yaourt brassé + 5 feuilles de menthe ciselées

❒ Mélangez tous les ingrédients de la sauce dans l'ordre et laissez infuser.

❒ Faites cuire les lentilles, en couvrant jusqu'au frémissement, puis à découvert pendant 20 minutes environ.

❒ Pendant ce temps, coupez les radis et la pomme en petits cubes et ajoutez-les à la sauce.

❒ Égouttez les lentilles et passez-les sous l'eau. Versez-les tièdes dans la sauce.

❒ Coupez la salade en fines lanières et ajoutez-la au dernier moment sur la salade pour qu'elle reste croquante.

Remplacez la pomme par de la poire, ajoutez du fenouil ou des dés de courgette.

SALADE AVOCAT, CREVETTES ET PAMPLEMOUSSE

POUR 3 À 4 PERSONNES • PRÉPARATION : 20 MIN

24 crevettes cuites Label Rouge ou bio + 2 pamplemousses roses + 2 avocats
4 tranches d'ananas coupées en morceaux + 3 tasses de céréales cuites, boulgour ou petit épeautre + Le jus de 1 citron vert + 2 pincées de sucre + 6 pincées de paprika
4 cuil. à soupe d'huile de colza ou de noix, ou un mélange d'huiles vierges

❒ Commencez par mélanger la sauce au fond du saladier afin qu'elle ait le temps d'infuser. Versez d'abord le jus de citron et le sucre. Puis ajoutez l'huile, le paprika et remuez. Laissez reposer.

❒ Épluchez les pamplemousses à vif et effilochez les morceaux de chair avec les doigts. Épluchez et retirez le boyau des crevettes. Fendez les avocats en deux et coupez la chair en petits cubes, tout comme l'ananas.

❒ Dans le saladier, versez tous les ingrédients, y compris les céréales, et mélangez intimement à la sauce.

❒ Mettez la salade au réfrigérateur si vous l'aimez glacée. À température ambiante, les saveurs se développent davantage, mais la salade sera moins rafraîchissante.

Rafraîchissez cette salade avec de la menthe et de la coriandre ciselées.

SALADE VITAMINÉE AU MUNSTER

POUR 4 PERSONNES • PRÉPARATION 15 MIN • CUISSON 5 MIN

2 endives + 1 betterave rouge cuite + 4 poignées de jeunes pousses de betterave (ou mesclun) + 1 tronçon de 5 cm de radis noir + 1 pomelo + 4 tranches de munster (30 g environ) + 2 cuil. à soupe de graines de courge

Pour la sauce : 1 cuil. à café de moutarde à l'ancienne + 3 cuil. à soupe d'huile de pépins de courge (ou un mélange d'huile d'olive et d'huile de colza) + 1 cuil. à soupe d'un mélange d'herbes aromatiques (persil plat, ciboulette, cerfeuil...) + Sel, poivre

❒ Coupez la base des endives, puis effeuillez-les avant de les disposer en rosace dans 4 assiettes. Lavez et essorez les jeunes pousses de salade, puis disposez-en un petit dôme au centre de chaque assiette. Brossez le radis noir sous un filet d'eau fraîche, puis essuyez-le et râpez-le. Parsemez-en les endives et la salade. Pelez la betterave et émincez-la en fine julienne (à l'aide d'une mandoline si possible). Pelez à vif le pomelo en recueillant son jus. Coupez les segments en cubes et répartissez-les dans les assiettes. Coupez également les tranches de munster en cubes et disposez-les sur les endives.

❒ Poêlez à sec les graines de courge, à feu moyen, 3 minutes environ, jusqu'à ce qu'elles commencent à éclater. Réservez-les.

❒ Préparez la sauce : dans un bol, mélangez la moutarde avec 2 cuillerées à soupe de jus de pomelo, les herbes, l'huile, du sel et du poivre.

❒ Assaisonnez les salades avec cette sauce et parsemez des graines de courge torréfiées.

SALADE D'HIVER CROQUANTE

POUR 4 PERSONNES • PRÉPARATION 15 MIN

2 carottes + ¼ de chou rouge + 50 g de mâche + 1 avocat + 2 clémentines
1 cl de jus de citron

Pour la sauce : 1 clémentine + 1 cuil. à soupe de yaourt au bifidus
1 cuil. à soupe de coriandre ciselée + 1 cuil. à café de moutarde à l'ancienne
1 cuil. à café d'huile de colza + 1 cuil. à café d'huile d'olive + Sel, poivre

❒ Coupez les extrémités des carottes avant de les peler. Lavez-les et râpez-les. Émincez le chou, lavez-le et essuyez-le dans un linge. Puis coupez l'avocat en deux, ôtez son noyau et sa peau avant de le détailler en cubes. Versez le jus de citron et mélangez.

❒ Dans un saladier, mélangez les carottes, le chou et l'avocat, puis ajoutez la mâche lavée et essorée.

❒ Préparez la sauce. Déposez la moutarde dans un bol, salez et poivrez. Coupez la clémentine en deux et pressez-la au-dessus du bol. Délayez et ajoutez le yaourt et la coriandre. Mélangez en versant les huiles. Versez ensuite la sauce sur la salade et mélangez. Répartissez la salade dans des bols individuels.

❒ Pelez les clémentines et séparez leurs quartiers. Décorez chaque bol de salade de quartiers de clémentine.

SALADE BETTERAVES-CAROTTES

POUR 4 PERSONNES • PRÉPARATION 15 MIN

100 g de mâche + 2 carottes + 2 betteraves crues + 1 orange + Le jus de ½ orange
1 cuil. à soupe de raisins secs + 4 cuil. à soupe de crème de soja spécial cuisine
(ou de crème fraîche liquide à 15 % MG) + 1 cuil. à soupe d'huile de noix + Sel, poivre

❒ Faites gonfler les raisins dans le jus d'orange.

❒ Pelez, lavez, puis râpez les carottes et les betteraves, et déposez-les dans un saladier. Lavez et essorez la mâche. Mélangez-en 40 g aux légumes râpés.

❒ Pelez l'orange à vif, puis coupez les quartiers en dés. Ajoutez-les dans la salade, avec les raisins égouttés.

❒ Mixez le reste de mâche avec le jus d'orange, la crème et l'huile. Salez et poivrez, et servez la salade avec 1 cuillerée de ce coulis.

SALADE DE MÂCHE AU POULET ET NOIX DE CAJOU

POUR 4 PERSONNES • PRÉPARATION : 10 MIN • CUISSON : 8 MIN

4 blancs de poulet cuits de 130 g environ + 1 mangue pas trop mûre + 4 poignées de salade de mâche + 200 g de riz basmati + 60 g de noix de cajou + Gros sel

Pour la sauce : 4 cuil. à café de coriandre ciselée + 4 cuil. à café de gingembre frais râpé 4 cuil. à café de sauce soja + 4 cuil. à soupe d'huile de sésame + Poivre

❒ Faites cuire le riz dans une casserole d'eau bouillante salée 8 minutes environ.

❒ Pendant ce temps, lavez et essorez la mâche, puis mettez-la dans un petit saladier. Coupez la mangue en lamelles, faites de même pour les blancs de poulet et ajoutez-les à la salade, ainsi que les noix de cajou.

❒ Préparez la sauce en mélangeant tous les ingrédients dans un bol.

❒ Égouttez le riz et laissez-le tiédir. Ajoutez-le à la salade, nappez de sauce et mélangez le tout.

SALADE DE FÈVES AUX FRAMBOISES

POUR 4 PERSONNES • PRÉPARATION : 10 MIN • CUISSON : 5 MIN

400 g de fèves pelées surgelées + 200 g de feta + 4 poignées de jeunes pousses de salade (ou pousses d'épinard) + 20 framboises + 1 bocal de poivrons grillés + 3 cuil. à café de vinaigre de xérès + 3 cuil. à soupe d'huile d'olive + Sel, poivre

❒ Faites cuire les fèves à l'eau bouillante salée pendant 4 minutes, puis égouttez-les. Laissez-les tiédir.

❒ Pendant ce temps, émiettez grossièrement la feta dans un petit saladier. Ajoutez ensuite les jeunes pousses de salade (ou les pousses d'épinard).

❒ Égouttez soigneusement les poivrons grillés, puis coupez-en les ⅔ en lanières. Mettez-les dans le saladier. Ajoutez enfin les fèves tiédies et les framboises. Mélangez très délicatement le tout.

❒ Mixez les poivrons restants avec le vinaigre et l'huile d'olive. Salez et poivrez. Versez la sauce ainsi obtenue sur la salade et mélangez de nouveau.

SALADE DE POIS CHICHES À L'AVOCAT ET AU CUMIN

POUR 4 PERSONNES • PRÉPARATION : 10 MIN

400 g de pois chiches en boîte (poids égoutté) + 1 avocat mûr + 2 poivrons verts
1 oignon rouge + 4 cuil. à café de cumin en poudre + 6 cuil. à soupe de vinaigre de cidre
3 cuil. à soupe d'huile d'olive + Sel, poivre

❐ Égouttez et rincez les pois chiches. Épépinez les poivrons et coupez-les en tous petits dés. Pelez et émincez finement l'oignon. Enlevez la peau et le noyau de l'avocat et coupez la chair en petits morceaux.

❐ Mettez tous les ingrédients dans un saladier et ajoutez le cumin, le vinaigre, l'huile d'olive, du sel et du poivre. Mélangez bien et réservez au frais.

Vous pouvez opter pour des pois chiches secs. Dans ce cas, prévoir 12 heures de trempage et 1 heure de cuisson dans l'eau bouillante.

SALADE DE PETITS POIS, FÈVES, HERBES FRAÎCHES ET BURRATA

POUR 4 PERSONNES • PRÉPARATION : 15 MIN • CUISSON : 10 MIN

250 g de petits pois (congelés hors saison) + 250 g de fèves (congelées hors saison)
1 burrata di bufala + ½ bouquet d'aneth + ½ bouquet de persil + ½ bouquet de ciboulette
4 cuil. à soupe d'huile d'olive + 1 cuil. à soupe de jus de citron + Sel

❒ Chauffez une casserole d'eau salée sur feu vif, faites-y cuire les petits pois et les fèves 10 minutes. À l'aide d'une écumoire, plongez-les dans un grand bac d'eau glacée afin qu'ils restent bien verts. Égouttez-les et réservez.

❒ Lavez l'aneth, le persil et la ciboulette. Hachez le tout. Dans un bol, mélangez l'huile d'olive, le jus de citron et ½ cuillerée à café de sel. Assaisonnez les petits pois et les fèves avec cette préparation. Ajoutez les herbes hachées, puis servez avec la burrata.

Ajoutez à la salade 200 g de jambon cru italien en chiffonnade.

BUDDHA BOWL COURGE, CURRY-COCO

POUR 4 PERSONNES • PRÉPARATION : 15 MIN • CUISSON : 30 MIN

300 g de lentilles au naturel en boîte + 100 g de riz noir sauvage + 200 g de pois gourmands frais + 100 g de radis noir + 2 carottes + 2 cuil. à café d'huile de coco

Pour la sauce : 3 cuil. à soupe de sauce soja salée + 3 cuil. à soupe de sauce soja sucrée 3 cm de gingembre frais pelé et râpé + Quelques gouttes d'huile de sésame

Pour la crème de butternut curry-coco : 500 g de courge butternut + 3 cuil. à café de pâte de curry doux + 2 cuil. à soupe de crème de coco + 1 cuil. à soupe de coriandre ciselée + Sel

Pour la déco (au choix) : Graines de sésame + Coriandre fraîche ciselée

❒ Enlevez la peau et les pépins de la courge butternut. Coupez-la en morceaux de 2 cm environ et mettez-les dans une casserole avec 50 cl d'eau et le curry. Portez à ébullition et laissez cuire à feu moyen pendant 20 minutes. Égouttez puis mixez finement avec la crème de coco et la coriandre. Salez et réservez au frais.

❒ Faites cuire le riz noir sauvage en suivant les indications. Égouttez et rincez à l'eau froide. Égouttez les lentilles et rincez-les. Pelez et râpez les carottes et le radis noir, et mélangez-les.

❒ Dans une poêle chaude, faites cuire les pois gourmands avec l'huile de coco 3 minutes à feu moyen-vif en remuant constamment.

❒ Mélangez tous les ingrédients de la sauce. Mélangez le riz et les lentilles, puis incorporez la moitié de la sauce.

❒ Dressez dans 4 bols : versez 4 à 5 cuillerées à soupe du mélange riz-lentilles. Répartissez ensuite le mélange carotte-radis noir, les pois gourmands et 1 grosse cuillerée de crème de courge butternut au curry. Parsemez de graines de sésame ou de coriandre fraîche et proposez le reste de sauce dans un petit bol.

SALADE LANDAISE À L'ŒUF MOLLET

POUR 4 PERSONNES • PRÉPARATION : 10 MIN • CUISSON : 10 MIN

300 g de salade type mesclun ou jeunes pousses + 4 œufs extra-frais à température ambiante + 100 g de tranches de magret de canard séché + 200 g de gésiers de canard confits + 4 tranches de pain complet grillées

Pour la sauce : 2 cuil. à soupe de vinaigre de cidre + 2 cuil. à soupe de vinaigre de vin 2 cuil. à soupe d'huile d'olive + 1 cuil. à soupe d'huile de noix + 1 cuil. à café de moutarde forte + 1 cuil. à café de moutarde à l'ancienne + Sel, poivre

❒ Coupez les gésiers confits en petits morceaux (retirez les parties cartilagineuses trop dures), mettez-les dans une poêle à feu moyen et laissez-les cuire 10 minutes en les remuant régulièrement.

❒ Plongez les œufs dans une casserole d'eau bouillante et laissez-les cuire 5 minutes, puis égouttez-les et passez-les sous l'eau froide pour les faire refroidir avant de les écaler.

❒ Nettoyez et coupez la salade. Retirez le gras du magret séché.

❒ Préparez la sauce : dans un bol, versez les vinaigres, du poivre, du sel et les moutardes. Émulsionnez 1 minute à la fourchette. Ajoutez les huiles et émulsionnez à nouveau.

❒ Répartissez la salade dans 4 assiettes et assaisonnez avec 1 ou 2 cuillerées à soupe de sauce. Ajoutez les tranches de magret séché, les morceaux de gésier grillés et le pain grillé coupé en croûtons. Déposez 1 œuf au centre de chaque assiette et fendez-le avec un couteau pour laisser le jaune s'écouler. Servez aussitôt.

SALADE DE RIZ NOIR, CHOUX DE BRUXELLES, RADIS ET ORANGES

POUR 4 PERSONNES • PRÉPARATION : 15 MIN

250 g de riz noir ou rouge cuit + 150 g de choux de Bruxelles + 10 radis roses + 3 oranges sanguines + 1 grenade + 3 cuil. à soupe d'huile d'olive + 2 cuil. à soupe de vinaigre de cidre ½ cuil. à café de coriandre en poudre + 1 cuil. à café de sel

❒ Râpez les choux de Bruxelles. Épluchez la grenade et retirez les graines. Coupez les radis roses en tranches fines. Pelez et prélevez les segments de 2 oranges sanguines. Réservez.

❒ Pressez l'orange sanguine restante. Dans un bol, mélangez le jus d'orange, l'huile d'olive, le vinaigre de cidre, le sel et la coriandre en poudre.

❒ Dans un saladier, mélangez le riz, les choux de Bruxelles râpés, les radis roses, les segments d'orange sanguine et les graines de grenade. Assaisonnez avec la vinaigrette au jus d'orange.

❒ Servez la salade à température ambiante pour un déjeuner complet.

Coupez 250 g de haddock fumé en cubes et incorporez-les à la salade.

CARRÉS CABÉCOUS, MIEL ET THYM

POUR 4 PERSONNES • PRÉPARATION : 10 MIN • CUISSON : 8 À 10 MIN

4 carrés de pâte feuilletée préétalée + 6 petits cabécous assez frais
4 cuil. à soupe de miel liquide + 2 cuil. à café de thym + Poivre

❒ Préchauffez le four à 200 °C (th. 6-7). Posez les carrés de pâte côte à côte sur une plaque, avec leur papier sulfurisé, en les espaçant pour qu'ils ne se collent pas l'un contre l'autre en cuisant. Piquez le centre avec une fourchette.

❒ Coupez les cabécous en deux dans l'épaisseur et posez 3 moitiés l'une contre l'autre, en triangle, au centre de chaque carré de pâte. Donnez un ou deux tours de moulin à poivre et enfournez. Faites cuire 8 à 10 minutes.

❒ Laissez reposer 5 minutes à la sortie du four, puis faites couler 1 cuillerée de miel en filet fin sur les fromages. Parsemez ensuite un peu de thym.

❒ Servez chaud, sur un lit de salade assaisonnée.

TARTE FINE AUX POIRES ET À LA FOURME D'AMBERT

POUR 6 PERSONNES • PRÉPARATION : 15 MIN • CUISSON : 30 MIN

1 pâte brisée ou feuilletée + 2 poires fondantes (passe-crassane)
300 g de fourme d'Ambert + 25 cl de crème + 2 petits œufs + Poivre

❐ Préchauffez le four à 200 °C (th. 6-7). Déroulez la pâte et garnissez un moule. Coupez nettement le bord à ras du moule et piquez le fond avec une fourchette. Laissez reposer au réfrigérateur pendant le reste de la préparation.

❐ Retirez finement la croûte de la fourme et coupez-la en petites lamelles. Battez les œufs avec la crème et un peu de poivre.

❐ Épluchez les poires, coupez-les en quatre en retirant le cœur et les pépins, puis chaque quartier en deux ou trois. Disposez-les en étoile sur le fond de tarte.

❐ Répartissez le fromage autour des fruits, versez la crème et glissez aussitôt la tarte dans le four. Faites cuire 30 minutes.

TARTE FINE À LA TOMATE, AU THON ET AU BASILIC

POUR 6 PERSONNES • PRÉPARATION : 15 MIN • CUISSON : 25 MIN ENVIRON

1 pâte feuilletée + 300 g de thon entier à l'huile + 3 tomates (120 à 150 g chacune)
2 cuil. à soupe de moutarde mi-forte + 100 g de purée de tomates au naturel (en conserve)
5 cl d'huile d'olive + 2 cuil. à soupe de feuilles de basilic finement ciselées
+ quelques petites feuilles pour le décor + Sel, poivre

❒ Mélangez 3 cuillerées à soupe d'huile d'olive et le basilic. Égouttez le thon, puis séparez-le en grosses miettes.

❒ Coupez les tomates en rondelles de 3 mm. Retirez sommairement les graines, séchez-les sur du papier absorbant, puis mettez-les dans un plat creux avec la moitié de l'huile au basilic. Retournez-les plusieurs fois pour bien les enrober d'huile.

❒ Préchauffez le four à 200 °C (th. 6-7).

❒ Déroulez la pâte et posez-la sur une plaque avec son papier sulfurisé. Piquez toute la surface avec une fourchette.

❒ À l'aide d'un pinceau, badigeonnez le disque de pâte de moutarde, en laissant une bande de 1 cm tout autour, puis étalez la purée de tomates. Disposez ensuite les rondelles de tomates en cercle, en les faisant se chevaucher. Salez, poivrez et faites cuire 20 minutes.

❒ Sortez la tarte du four, répartissez le thon et arrosez avec le reste d'huile d'olive au basilic. Remettez 3 ou 4 minutes au four. Servez chaud ou froid, décoré de quelques feuilles de basilic.

TARTE AUX COURGETTES, À LA FETA ET À LA MENTHE

POUR 6 PERSONNES • PRÉPARATION : 15 MIN • CUISSON : 20 À 25 MIN

4 feuilles de brick + 2 petites courgettes (200 g chacune) + 300 g de feta
50 g de fromage blanc lisse + 2 petits œufs + 50 g de beurre fondu
3 cuil. à soupe d'huile d'olive + 2 cuil. à soupe de feuilles de menthe ciselées + Sel, poivre

❒ Retirez les extrémités des courgettes. Rincez-les et essuyez-les, puis coupez-les en rondelles de 3 mm. Étalez-les dans un plat, enduisez-les d'huile d'olive, salez et poivrez légèrement. Couvrez (avec du film alimentaire supportant la cuisson) et faites cuire 5 minutes au four à micro-ondes, réglé à la puissance maximum.

❒ Coupez la feta dans un bol, puis écrasez-la à la fourchette. Malaxez-la à la spatule avec le fromage blanc, les œufs battus et la menthe. Salez légèrement et poivrez.

❒ Préchauffez le four à 180 °C (th. 6). Superposez les feuilles de brick dans un moule à tarte, en beurrant les 3 premières l'une après l'autre sur toute leur surface, à l'aide d'un pinceau.

❒ Étalez le mélange à la feta sur le fond de tarte, puis disposez les rondelles de courgettes.

❒ Faites cuire 15 à 20 minutes, jusqu'à ce que la pâte soit dorée et croustillante.

TARTE AUX ÉPINARDS ET AUX PIGNONS

POUR 6 PERSONNES • PRÉPARATION : 15 MIN • CUISSON : 35 MIN ENVIRON

1 pâte brisée ou feuilletée + 350 à 400 g de pousses d'épinard (prêtes à l'emploi) 100 g de mozzarella ou de gruyère râpé + 3 œufs + 25 cl de crème liquide + 50 g de pignons 2 cuil. à soupe d'huile d'olive + Sel, poivre

❐ Déroulez la pâte et garnissez un moule à tarte. Piquez le fond avec une fourchette et coupez nettement le bord à ras du moule. Mettez au réfrigérateur pendant la préparation de la garniture.

❐ Rincez les épinards, si nécessaire, puis essorez-les.

❐ Faites chauffer l'huile d'olive dans une sauteuse sur feu assez vif. Ajoutez les épinards et laissez-les cuire 2 ou 3 minutes, en remuant souvent, pour que toutes les feuilles s'affaissent. Transvasez-les dans une passoire, laissez refroidir et pressez fortement pour éliminer le maximum d'eau.

❐ Préchauffez le four à 210 °C (th. 7). Cassez les œufs dans un bol et battez-les avec la crème. Ajoutez le fromage râpé, salez, poivrez et mélangez bien.

❐ Étalez les épinards sur le fond de tarte, versez la crème aux œufs et parsemez les pignons. Enfournez et faites cuire environ 30 minutes, jusqu'à ce que les bords de la tarte soient dorés et que la crème ait pris.

Les épinards décongelés, généralement très aqueux, peuvent détremper la pâte si on ne veille pas à bien les sécher au préalable. Préférez des pousses fraîches, déjà triées, qu'il vous suffira de cuire rapidement.

CLAFOUTIS AUX OIGNONS CARAMÉLISÉS ET AUX LARDONS

POUR 6 PERSONNES • PRÉPARATION : 15 MIN • CUISSON : 55 MIN À 1 H 10

200 g de lardons demi-sel + 2 gros oignons + 3 œufs + 30 cl de lait + 30 g de beurre + un peu pour le plat + 20 cl de crème liquide entière + 2 cuil. à soupe de Maïzena®
2 cuil. à soupe de sucre en poudre + 2 cuil. à soupe d'huile de tournesol
1 cuil. à soupe de thym frais (facultatif) + Sel, poivre

❒ Épluchez les oignons. Coupez-les en deux, puis en fines lamelles. Faites-les fondre 20 à 30 minutes avec l'huile, dans une sauteuse sur feu modéré, en remuant souvent. Quand ils sont tendres et translucides, saupoudrez-les avec le sucre, augmentez le feu et faites-les dorer à feu vif, jusqu'à ce qu'ils commencent à caraméliser.

❒ Faites revenir les lardons à sec, dans une grande poêle antiadhésive, à feu moyen, jusqu'à ce qu'ils commencent juste à colorer. Laissez tiédir.

❒ Préchauffez le four à 190 °C (th. 6-7). Beurrez largement un plat à gratin de 4 à 5 cm de haut (30 x 20 cm ou 26 cm de diamètre). Répartissez les lardons dans le fond, puis étalez les oignons dessus. Faites fondre le beurre.

❒ Battez les œufs avec la Maïzena®, puis versez successivement le lait, la crème et le beurre fondu, sans cesser de fouetter. Salez, poivrez et ajoutez le thym. Versez le mélange dans le plat, enfournez et faites cuire 35 à 40 minutes, jusqu'à ce que le clafoutis soit bien doré. Servez aussitôt.

CLAFOUTIS DE TOMATES CERISES

POUR 4 PERSONNES • PRÉPARATION : 10 MIN • CUISSON : 30 MIN

250 g de tomates cerises + 150 g de farine + 3 œufs + 25 cl de lait
80 g de comté râpé + 15 g de beurre + Sel, poivre

❒ Rincez et épongez soigneusement les tomates cerises. Préchauffez le four à 180 °C (th. 6).

❒ Mélangez la farine, les œufs et le lait. Salez et poivrez. Ajoutez le comté râpé. Beurrez un plat à gratin. Versez la pâte dans le plat.

❒ Ajoutez les tomates, et faites cuire au four pendant 30 minutes. Servez tiède ou froid.

OMELETTE QUICHE

POUR 4 PERSONNES • PRÉPARATION : 6 MIN • CUISSON : 12 MIN

6 œufs + 100 g de cubes de jambon de Paris + 90 g de gruyère râpé + 90 g de crème fraîche entière + 1 noisette de beurre + Sel, poivre

❒ Battez les œufs avec le jambon, le gruyère et la crème fraîche dans un saladier. Salez et poivrez à votre goût.

❒ Faites fondre le beurre dans une poêle antiadhésive de 22 cm environ, puis versez-y l'omelette. Faites cuire 8 minutes à feu doux.

❒ Faites glisser l'omelette sur une assiette et placez-la sous un gril brûlant pendant 3 minutes.

FLANS DE TOFU AUX PETITS LÉGUMES

POUR 4 PERSONNES • PRÉPARATION : 15 MIN • CUISSON : 35 À 45 MN

400 g de tofu soyeux + 4 petites carottes + 2 petites courgettes + 1 oignon
2 gousses d'ail + 3 œufs + 2 jaunes + 1 ou 2 pincées de noix de muscade râpée
2 cuil. à soupe d'huile de tournesol + Beurre pour le moule + Sel, poivre

❒ Épluchez et hachez finement l'oignon et l'ail. Pelez les carottes et retirez les extrémités des courgettes. Râpez-les.

❒ Placez tous les légumes dans une poêle avec l'huile et faites-les cuire à feu modéré, jusqu'à ce qu'ils soient tendres et aient rendu toute leur eau de végétation. Égouttez-les.

❒ Préchauffez le four à 150 °C (th. 5). Beurrez des petites moules individuels. Battez le tofu dans un bol. Sans cesser de fouetter, incorporez les œufs entiers un à un, puis les jaunes. Ajoutez les légumes, salez, poivrez, saupoudrez d'un peu de noix de muscade et mélangez bien.

❒ Versez la préparation dans les moules sans les remplir complètement. Placez-les dans un plat à four profond et versez de l'eau chaude à mi-hauteur des parois pour faire un bain-marie. Enfournez 15 à 25 minutes, jusqu'à ce que les flans soient fermes.

❒ Laissez tiédir un peu avant de démouler.

QUICHE LORRAINE EXPRESS

POUR 4 PERSONNES • PRÉPARATION : 5 MIN • CUISSON : 23 MIN

1 pâte brisée + 120 g de poitrine fumée taillée en allumettes + 3 œufs + 60 g de gruyère râpé
90 g de crème fraîche épaisse + 1 pincée de noix de muscade + Poivre

❐ Préchauffez le four à 240 °C (th. 8). Étalez la pâte dans un moule à tarte, piquez-la à la fourchette et précuisez-la 8 minutes.

❐ Faites sauter pendant ce temps la poitrine fumée 2 minutes à feu vif dans une poêle antiadhésive.

❐ Fouettez les œufs dans un saladier, puis ajoutez les allumettes de poitrine fumée, le gruyère, la crème et la noix de muscade. Poivrez et mélangez.

❐ Versez le tout sur la pâte et enfournez pour 15 minutes. Passez éventuellement sous un gril brûlant en fin de cuisson.

QUICHE SANS GLUTEN

POUR 6 PERSONNES • PRÉPARATION : 10 MIN • CUISSON : 35 MIN

3 œufs + 1 brique de crème fraîche liquide + 2 cuil. à soupe de fécule de maïs (ou farine sans gluten ou fécule de pommes de terre) + ½ l de lait demi-écrémé
1 pincée de noix de muscade + 125 g de fromage râpé + 80 g de lardons + 1 tomate
Herbes de Provence + Sel, poivre

❒ Préchauffez le four à 190 °C (th. 6-7). Dans un saladier, cassez les œufs, versez la crème et la fécule de maïs. Mélangez bien avec un fouet pour ne pas former de grumeaux. Avec un liquide, la fécule de maïs devient très fluide.

❒ Ajoutez le lait, la moitié du fromage râpé et les lardons. Assaisonnez avec la noix de muscade, du sel et du poivre. Mélangez avec une spatule en bois.

❒ Ajoutez la tomate coupée en petits morceaux et les herbes de Provence. Goûtez.

❒ Versez le tout dans un moule à tarte beurré. Enfournez pour 30 minutes.

❒ Parsemez du reste de fromage râpé. Faites gratiner 5 minutes. Dégustez chaud ou tiède.

QUICHE SAUMON ET ESTRAGON

POUR 4 PERSONNES • PRÉPARATION : 5 MIN • CUISSON : 23 MIN

1 pâte brisée + 150 g de saumon cru coupé en cubes + 3 œufs + 60 g de gruyère râpé
90 g de crème fraîche épaisse + 2 tiges d'estragon effeuillées + Sel, poivre

❒ Préchauffez le four à 240 °C (th. 8). Étalez la pâte dans un moule à tarte, piquez-la à la fourchette et précuisez-la 8 minutes.

❒ Faites sauter le saumon pendant 3 minutes dans une poêle antiadhésive à feu vif.

❒ Fouettez les œufs dans un saladier, puis ajoutez le saumon, le gruyère, la crème et l'estragon ; salez et poivrez à votre goût et mélangez.

❒ Versez le tout sur la pâte et enfournez pour 15 minutes. Passez éventuellement sous un gril brûlant en fin de cuisson.

CAKE BRESAOLA, TOMATES SÉCHÉES ET BASILIC

POUR 8 PERSONNES • PRÉPARATION : 15 MIN • CUISSON : 40 MIN

50 g de bresaola (ou de bacon) + 3 œufs + 50 g de parmesan râpé
10 pétales de tomates séchées + 220 g de farine de blé tamisée (T65)
20 g de farine de lin (« linette ») + 1 sachet de poudre à lever biologique (sans phosphates)
40 g de pignons de pin + 12 cl de Noilly Prat (ou de vin blanc sec) + 2 cuil. à soupe de basilic ciselé + 6 cl d'huile d'olive (ou arachide) + Sel, poivre

❒ Préchauffez le four à 180 °C (th. 6).

❒ Dans un saladier, mélangez les deux farines avec la levure, du sel et du poivre. Cassez les œufs au milieu et mélangez à l'aide d'une spatule en bois. Ajoutez le parmesan, les tomates séchées coupées en lanières et les tranches de bresaola également coupées en lanières. Mélangez. Puis incorporez le Noilly Prat (ou le vin) et l'huile versés en filet. Ajoutez les ⅔ des pignons et le basilic et mélangez bien.

❒ Versez la préparation dans un moule à cake d'une contenance de 1,5 l. Parsemez le dessus avec le reste de pignons. Enfournez pour 40 minutes environ. Vérifiez la cuisson en enfonçant une pointe de couteau au centre du cake : elle doit ressortir sèche. Servez tiède ou tout juste refroidi.

CAKE THON-OLIVES-ARTICHAUT

POUR 8 PERSONNES • PRÉPARATION : 15 MIN • CUISSON : 40 MIN

6 cœurs d'artichaut conservés au naturel + 185 g de thon au naturel égoutté + 3 œufs
10 cl de lait demi-écrémé + 50 g d'emmental râpé + 50 g d'olives noires dénoyautées
220 g de farine de blé tamisée + 20 g de farine de lin (« linette ») + 1 sachet de poudre à lever biologique (sans phosphates) + 6 cl d'huile d'olive (ou d'arachide) + 1 noix de margarine spéciale cuisson pour graisser le moule + 1 cuil. à soupe de thym séché + Sel, poivre

❒ Préchauffez le four à 180 °C (th. 6).

❒ Dans un saladier, mélangez les deux farines avec la levure, du sel et du poivre. Cassez les œufs au milieu et mélangez à l'aide d'une spatule en bois. Ajoutez le fromage râpé ainsi que le lait et l'huile. Mélangez. Ajoutez le thon émietté, les olives, le thym et les cœurs d'artichaut coupés en deux. Mélangez bien.

❒ Versez la préparation dans un moule à cake de 1,5 l préalablement graissé. Enfournez pour 40 minutes environ. Vérifiez la cuisson en enfonçant une pointe de couteau au centre du cake : elle doit ressortir sèche. Servez tiède ou tout juste refroidi.

CAKE AU JAMBON

POUR 4 PERSONNES • PRÉPARATION : 15 MIN • CUISSON : 30 MIN

3 tranches de jambon (150 g) + 2 poignées de pousses d'épinard + 3 œufs
40 g de parmesan râpé + 15 cl de lait de riz + 150 g de farine de riz semi-complète
50 g de farine de riz blanche + 2 cuil. à soupe de préparation pour gâteau sans gluten
5 cuil. à soupe d'huile d'olive + 1 sachet de levure chimique + Sel, poivre

❐ Coupez le jambon en petits dés. Rincez les pousses d'épinard, essorez-les, puis hachez-les. Préchauffez le four à 180 °C (th. 6).

❐ Mélangez dans un saladier les farines de riz, la préparation pour gâteau sans gluten, la levure, 2 pincées de sel et de poivre. Ajoutez les œufs, le lait de riz, l'huile d'olive, le parmesan et mélangez. Quand la pâte est homogène, ajoutez les dés de jambon et les pousses d'épinard hachées.

❐ Versez dans un moule à cake antiadhésif et faites cuire 30 minutes au four. Laissez légèrement tiédir avant de démouler. Coupez en tranches et servez, tiède ou froid.

FENOUIL ET POMMES À L'HUILE DE NOIX

POUR 4 PERSONNES • PRÉPARATION : 10 MIN • CUISSON : 20 MIN

3 petits fenouils + 3 pommes vertes + 2 cuil. à soupe de vinaigre de pomme
2 cuil. à café de moutarde + 4 cuil. à soupe d'huile de noix

❐ Retirez les extrémités et les feuilles dures extérieures des fenouils.

❐ Coupez le bulbe en tranches, puis celles-ci en brunoise (petits cubes).

❐ Épluchez les pommes et coupez-les en brunoise.

❐ Mélangez le vinaigre, la moutarde et l'huile.

❐ Ajoutez les dés de fenouil et de pommes.

CARPACCIO DE CHAMPIGNONS AUX GRAINES DE GRENADE

POUR 4 PERSONNES • PRÉPARATION : 10 MIN

8 gros champignons blancs + 1 pomme grenade + 8 brins de ciboulette
4 cuil. à soupe de sauce tarator ou de yaourt onctueux + 2 cuil. à café de jus de citron

❒ Si nécessaire, épluchez les champignons. Coupez les pieds et taillez les chapeaux en fines lamelles.

❒ Mélangez la sauce tarator (ou le yaourt) avec le jus de citron.

❒ Disposez harmonieusement les lamelles de champignons sur un grand plat.

❒ Parsemez-les de graines de grenade, de sauce et de ciboulette ciselée.

RIZ BASMATI AU CURRY, COURGETTE, CONCOMBRE ET CHOU ROUGE

POUR 4 PERSONNES • PRÉPARATION : 10 MIN • CUISSON : 12 MIN

Pour le riz : 200 g de riz + 1 cuil. à soupe d'huile d'olive + 1 cuil. à soupe de curry en poudre

Pour l'accompagnement : 1 courgette + le jus de ½ citron + ¼ de chou rouge
1 cuil. à soupe de vinaigre balsamique + ½ concombre + 1 oignon rouge
10 g de jeunes pousses + 1 cuil. à café de graines de sésame noir

❐ Portez à ébullition une casserole d'eau salée et faites cuire le riz selon les indications figurant sur l'emballage. Égouttez-le et mélangez-le avec l'huile d'olive et le curry en poudre.

❐ Coupez la courgette au spiralizeur (ou à l'économe).

❐ Répartissez dans les bols, le riz et la courgette, puis arrosez-les de jus de citron.

❐ Détaillez le chou rouge à la mandoline (ou au couteau) et faites-le poêler 12 minutes avec le vinaigre balsamique. Ajoutez-le dans les bols.

❐ Détaillez le concombre et l'oignon en rondelles, ajoutez-les, puis disposez quelques jeunes pousses et parsemez de graines de sésame noir.

GALETTES DE PERLES DE BLÉ, COURGETTES ET CHAMPIGNONS

POUR 4 PERSONNES • PRÉPARATION : 10 MIN • CUISSON : 15 MIN

Pour 8 galettes : 250 g de perles de blé + 1 oignon rouge + 2 cuil. à soupe de gruyère râpé
2 œufs + 1 cuil. à soupe de farine + 2 cuil. à soupe de son d'avoine
1 cuil. à soupe d'huile d'olive

Pour l'accompagnement : 2 courgettes + 50 g de champignons + ¼ de botte d'aneth

Pour la vinaigrette : 4 cuil. à soupe d'huile de lin + 2 cuil. à soupe de vinaigre de vin
sel, poivre

❒ Préparez les galettes. Portez à ébullition une casserole d'eau salée et faites cuire les perles de blé selon les indications figurant sur l'emballage. Égouttez-les.

❒ Mettez dans le bol d'un blender les perles de blé, l'oignon rouge épluché et ciselé, le gruyère rapé, les œufs, la farine, le son d'avoine, l'huile d'olive, puis mixez.

❒ Formez les galettes avec un emporte-pièce (ou un verre) et faites-les poêler 2 minutes de chaque côté, sur feu moyen.

❒ Émincez les courgettes en fines rondelles. Émincez les champignons à la mandoline (ou au couteau).

❒ Répartissez les galettes dans des grands bols, puis disposez les courgettes, les champignons et quelques feuilles d'aneth. Mélangez tous les ingrédients de la vinaigrette et versez-la dans les bols.

POIS GOURMANDS, BROCOLI SAUCE AIGRE-DOUCE ET RIZ ROUGE

POUR 4 PERSONNES • PRÉPARATION : 10 MIN • CUISSON : 20 MIN

200 g de pois gourmands + 1 brocoli + 400 g de riz rouge cuit
2 échalotes + 4 cuil. à soupe de sauce soja + 2 cuil. à café de vinaigre de cidre
2 cuil. à soupe d'huile + 1 cuil. à soupe de sucre de canne

❒ Faites cuire 15 minutes à la vapeur le brocoli détaillé en fleurettes et les pois gourmands. Pelez et émincez les échalotes.

❒ Chauffez l'huile dans une poêle et faites-y revenir les échalotes. Ajoutez la sauce soja, le vinaigre de cidre et le sucre de canne. Laissez réduire 2 minutes. Ajoutez le brocoli et les pois gourmands et enrobez-les bien de sauce.

❒ Servez immédiatement les légumes avec le riz rouge bien chaud.

Vous pouvez ajouter 2 blancs de poulet finement émincés. Doublez alors les quantités de sauce et faites dorer les blancs avec les échalotes. Prolongez la cuisson de 10 minutes et poursuivez la recette comme indiqué.

LÉGUMES RÔTIS AU CHÈVRE FRAIS ET ÉPEAUTRE

POUR 4 PERSONNES • PRÉPARATION : 10 MIN • CUISSON : 30 MIN

400 g de potimarron + 4 panais + 2 betteraves
240 g de petit épeautre + 100 g de fromage de chèvre frais + Huile + Sel, poivre

❒ Faites cuire l'épeautre dans un grand volume d'eau salée pendant 30 minutes.

❒ Préchauffez le four à 200 °C (th. 6-7).

❒ Pelez les légumes et coupez-les en petits morceaux. Disposez-les sur une plaque, huilez-les légèrement avec un pinceau, salez et poivrez, enfournez pour 10 minutes.

❒ Servez les légumes rôtis avec l'épeautre et saupoudrez de chèvre frais. Accompagnez d'une salade de jeunes pousses par exemple.

Cette recette légère et énergétique est également super savoureuse. Le sucré des légumes et le salé du fromage de chèvre créent une explosion de saveurs en bouche. Vous pouvez ajouter des graines de courge grillées dans une poêle sans ajout de matière grasse pour le côté croquant.

POISSON ET POMMES DE TERRE VAPEUR, CRÈME CITRONNÉE

POUR 4 PERSONNES • PRÉPARATION : 10 MIN • CUISSON : 20 MIN

8 pommes de terre + 240 g de filet de poisson frais type cabillaud, carrelet ou merlu
4 feuilles de chou, de préférence, ou de laitue + 8 cuil. à soupe de crème fleurette
4 cuil. à soupe de jus de citron

❒ Posez les pommes de terre épluchées et coupées en quatre sur les feuilles de chou dans un cuit-vapeur pour 10 minutes de cuisson. Ajoutez le poisson et poursuivez la cuisson de 10 minutes.

❒ Pendant ce temps, mélangez la crème avec le citron. Mettez les feuilles de chou, le poisson et les morceaux de pomme de terre dans une assiette.

❒ Nappez-les de crème citronnée et servez aussitôt.

La cuisson à la vapeur est idéale pour le poisson ultrafrais à chair blanche. Elle garde la texture délicate du poisson, notamment quand celui-ci n'a pas été congelé.

DOS DE SAUMON, SAUCE À L'OSEILLE

POUR 4 PERSONNES • PRÉPARATION : 5 MIN • CUISSON : 10 MIN

4 dos de saumon de 130 g chacun + 100 g d'oseille + 20 cl de lait écrémé + 3 échalotes
1 verre de vin blanc sec + 1 pincée de noix de muscade + Sel, poivre

❒ Pelez les échalotes et hachez-les finement. Lavez et essorez les feuilles d'oseille.

❒ Faites cuire les morceaux de saumon 8 minutes à la vapeur.

❒ Pendant ce temps, faites réduire le vin avec les échalotes dans une casserole, à feu moyen. Ajoutez le lait et portez à ébullition et prolongez la cuisson 5 minutes. Puis ajoutez l'oseille et laissez-la fondre. Passez le tout au mixeur, puis salez, poivrez et ajoutez la noix de muscade. Servez chaque dos de saumon nappé d'un peu de sauce.

SAINT-JACQUES À LA CITRONNELLE

POUR 4 PERSONNES • PRÉPARATION : 15 MIN • MARINADE 1 H

CUISSON : 6 À 8 MIN

12 ou 16 noix de saint-jacques + 1 tige de citronnelle
4 cuil. à soupe de sauce soja + Le jus d'½ citron + 3 cuil. à soupe d'huile de tournesol
30 g de beurre

❒ Coupez l'extrémité de la tige de citronnelle et émincez-la très finement. Mélangez la sauce soja, le jus de citron, l'huile et la citronnelle dans un plat creux de taille adaptée à un cuit-vapeur.

❒ Rincez et épongez les noix de saint-jacques. Mettez-les dans la marinade et remuez plusieurs fois pour bien les en enrober. Couvrez, puis laissez mariner 1 heure au réfrigérateur.

❒ Versez 1 litre d'eau dans la marmite du cuit-vapeur et amenez à ébullition. Posez le plat dans le panier perforé, ajustez le couvercle et faites cuire de 6 à 8 minutes.

❒ Disposez les saint-jacques sur un plat chaud. Coupez le beurre en petits morceaux et faites-le fondre dans le jus de cuisson laissé dans le fond du plat. Versez sur les saint-jacques et servez aussitôt, accompagné de riz blanc ou de fines nouilles chinoises.

BLANQUETTE AUX TROIS POISSONS

POUR 4 PERSONNES • PRÉPARATION : 10 MIN • CUISSON : 10-15 MIN

500 g d'un assortiment de trois poissons (saumon, lieu noir et cabillaud) surgelés (Picard®, par exemple) + 350 g de petits champignons (boutons) de Paris
25 cl de lait demi-écrémé + 1 noix de margarine spéciale cuisson + 20 oignons grelots
1 cuil. à café de fumet de poisson en poudre (ou 1 sachet d'infusion coquillages Ariaké®)
2 cuil. à soupe d'herbes pour poisson surgelées (Picard®, par exemple)
1 cuil. à soupe de fécule (Maïzena® ou arrow-root) + Sel, poivre

❒ Pelez les oignons et grattez les champignons. Chauffez la margarine dans une cocotte à fond épais. Faites-y revenir les oignons avec 1 pincée de sel pendant 2 minutes, en remuant. Ajoutez les champignons et les morceaux de poisson, puis parsemez avec 1 cuillerée à soupe d'herbes. Salez et poivrez.

❒ Délayez le fumet dans le lait et versez le tout dans la cocotte. Couvrez et faites cuire 5 à 7 min à feu doux, en surveillant (le lait ne doit pas bouillir).

❒ Délayez la fécule dans un peu d'eau et ajoutez-la. Mélangez jusqu'à épaississement, puis incorporez le reste d'herbes. Rectifiez l'assaisonnement et servez.

SALADE DE POULET AU CONCOMBRE

POUR 4 PERSONNES • PRÉPARATION : 15 MIN • CUISSON : 10 À 20 MIN

2 cuisses ou 2 blancs de poulet + 1 petit concombre (300 g)
1 litre de bouillon de volaille + 1 cuil. à soupe de coriandre ciselée
1 cuil. à soupe de graines de sésame

Pour la sauce : 1 cuil. à soupe de nuoc-mâm + 1 cuil. à café de vinaigre de riz
Le jus de 1 citron vert + 1 cuil. à café de purée de piments

❒ Versez le bouillon dans la marmite d'un cuit-vapeur et amenez à ébullition. Essuyez les morceaux de poulet avec du papier absorbant, puis posez-les dans le panier perforé, ajustez le couvercle et faites cuire 10 minutes environ pour des blancs et 20 minutes pour des cuisses (jusqu'à ce que la chair se détache des os).

❒ Égouttez et laissez refroidir complètement. Lavez et essuyez le concombre sans le peler. Détaillez-le en fins bâtonnets.

❒ Retirez la peau (et les os) du poulet, puis coupez-le en très fines lanières. Versez tous les ingrédients de la sauce dans un saladier, ajoutez le concombre et le poulet, et mélangez bien. Parsemez les graines de sésame et la coriandre, et servez.

ROULADES DE VEAU AUX AUBERGINES ET À LA MOZZARELLA

POUR 4 PERSONNES • PRÉPARATION : 15 MIN • CUISSON : 15 MIN

4 escalopes de veau très fines + 80 g de mozzarella de bufflonne + 4 tranches d'aubergine grillées surgelées (préalablement décongelées au réfrigérateur) + 4 cuil. à café de tomates séchées hachées (Jean Hervé®, par exemple) + 4 pincées d'herbes de Provence (ou de thym ou de romarin) + 1 filet d'huile d'olive pour le plat + Poivre

❐ Préchauffez le four à 180 °C (th. 6). Coupez la mozzarella en 4 lamelles.

❐ Sur une planche à découper, étalez une escalope et disposez-y 1 tranche d'aubergine. Nappez le tout avec 1 cuillerée à café de tomates séchées égouttées, puis déposez 1 lamelle de mozzarella. Poivrez et roulez l'escalope sur elle-même (fixez-la avec une pique en bois si nécessaire). Poivrez de nouveau la roulade obtenue et parsemez-la de 1 pincée d'herbes. Procédez de même pour les autres escalopes.

❐ Disposez les roulades au fur et à mesure dans un plat à four, légèrement huilé au pinceau et enfournez pour 15 minutes.

FILET MIGNON DE PORC À LA MOUTARDE

POUR 4 PERSONNES • PRÉPARATION : 15 MIN • CUISSON : ENVIRON 20 MIN

2 filets mignons de porc de 300 à 350 g chacun + 1 oignon
1 petite gousse d'ail + 2 cuil. à soupe d'huile de tournesol
2 cuil. à soupe de moutarde à l'ancienne + 3 cuil. à soupe de crème fraîche
1 feuille de laurier + 2 grosses pincées de thym + Sel, poivre

❒ Essuyez soigneusement les filets mignons avec du papier absorbant, salez et poivrez toute la surface. Épluchez et émincez finement l'oignon et l'ail, puis faites-les fondre à feu doux avec l'huile jusqu'à ce qu'ils soient bien tendres. Mélangez la moutarde et la crème dans un bol.

❒ Répartissez la fondue d'oignon au centre de deux carrés de papier sulfurisé, posez 1 filet mignon sur chacun et enduisez-le largement de crème à la moutarde. Effritez la feuille de laurier entre les doigts et parsemez-la à la surface avec un peu de thym. Formez des papillotes, sans serrer, et fermez-les hermétiquement, en repliant plusieurs fois les bords.

❒ Versez 1 litre d'eau dans la marmite d'un cuit-vapeur et amenez à ébullition. Posez les papillotes côte à côte dans le panier perforé, ajustez le couvercle et faites cuire 20 minutes environ. Sortez les filets mignons des feuilles de papier sulfurisé et posez-les sur un plat chaud, en récupérant tout le contenu des papillotes. Coupez chacun en deux et servez aussitôt.

AGNEAU SAUTÉ À L'AIL ET AU BASILIC

POUR 4 PERSONNES • PRÉPARATION : 15 MIN • CUISSON : 10 MIN

400 g de gigot d'agneau dégraissé en tranches + 1 gousse d'ail + 2 tiges de basilic
1 cuil. à soupe de câpres + 1 cuil. à soupe d'huile d'olive
2 cuil. à soupe de vin blanc sec + Sel, poivre

❒ Émincez le gigot, parfaitement dégraissé, en lamelles. Pelez et hachez l'ail, rincez le basilic, hachez-le. Égouttez les câpres.

❒ Faites chauffer l'huile dans une sauteuse. Ajoutez l'agneau émincé, faites dorer à feu vif pendant 3 à 5 minutes, selon la cuisson désirée. Gardez la viande au chaud entre deux assiettes.

❒ Déglacez la poêle avec le vin blanc sur feu vif, ajoutez l'ail, le basilic et les câpres. Ajoutez la viande avec son jus, salez et poivrez, faites chauffer 1 minute et servez aussitôt.

ŒUFS COCOTTE AU SAUMON ET SÉSAME DORÉ

POUR 4 PERSONNES • PRÉPARATION : 10 MIN • CUISSON : 10 MIN

8 œufs très frais + 100 g de saumon fumé + 8 cuil. à café de crème épaisse à 15 % MG
20 g de sésame doré + Sel, poivre

❐ Préchauffez le four à 180 °C (th. 6). Versez un fond d'eau dans un grand plat (ou une plaque à pâtisserie) pouvant contenir 8 ramequins. Placez le plat dans le four.

❐ Découpez le saumon en fins morceaux.

❐ Cassez 1 œuf dans chaque ramequin. Ajoutez 1 cuillerée à café de crème allégée et un peu de saumon fumé. Salez légèrement et poivrez.

❐ Disposez les ramequins dans le plat contenant l'eau et faites cuire au four 10 minutes.

❐ Saupoudrez de sésame doré et dégustez, avec une tranche de pain complet et une salade.

GALETTES AU SARRASIN

POUR 4 PERSONNES • PRÉPARATION : 10 MIN • CUISSON : 10 MIN

Pour la galette : 300 g de farine de sarrasin + 15 cl de lait + 1 œuf
1 cuil. à café de sel + Huile d'arachide

Pour la garniture : 4 œufs + 2 tranches de jambon blanc découenné
2 pincées de noix de muscade râpée + Poivre

❒ Dans un grand saladier, mélangez la farine avec le sel. Formez un puits au centre et versez-y le lait et 35 cl d'eau. Mélangez au fouet pour former une pâte épaisse. Ajoutez encore 35 cl d'eau, mélangez à nouveau, puis fouettez la pâte avec l'œuf. Laissez reposer la pâte au frais jusqu'à l'utilisation ou à température ambiante 1 heure maximum.

❒ Huilez une grande poêle peu épaisse pour une transmission rapide de la chaleur, ou, mieux, une crêpière bretonne que vous huilez au pinceau, sur feu vif. Versez-y une fine couche de pâte. Lissez-la autant que possible. Au bout de 3 minutes environ, retournez la galette et faites cuire l'autre côté.

❒ Empilez les galettes sur une assiette et recouvrez chaque galette ajoutée avec une assiette ou un couvercle de casserole. Poêlez rapidement les galettes au moment de les servir avec la garniture.

BURGERS DE VEAU AU CUMIN

POUR 4 PERSONNES • PRÉPARATION : 15 MIN • CUISSON : 5 MIN

300 g de steak de veau haché surgelé + 2 tomates + ½ barquette de graines germées (alfalfa, betterave...) + 4 petits oignons frais + 4 pains à hamburger complets + 2 cuil. à soupe de coriandre ciselée + 1 cuil. à café de coriandre en poudre + 1 cuil. à café de cumin en poudre + 1 filet d'huile de sésame + 1 filet de vinaigre balsamique + Sel, poivre

❒ Lavez les tomates, puis coupez-les en rondelles. Pelez les oignons, coupez leur tige et hachez-les finement.

❒ Dans un saladier, mélangez la viande avec le cumin et les coriandres. Ajoutez les oignons, salez et poivrez. Mélangez. Formez 4 boules de viande et aplatissez-les avec la paume de la main.

❒ Chauffez un gril électrique ou une poêle-gril antiadhésive et faites-y cuire les steaks 5 minutes environ, en les retournant à mi-cuisson. Pendant ce temps, faites griller les demi-pains au grille-pain.

❒ Disposez sur la moitié inférieure des pains 1 rondelle de tomate, 1 steak, puis une touffe de graines germées. Arrosez de quelques gouttes d'huile de sésame et de vinaigre balsamique, puis recouvrez avec la moitié supérieure des pains. Servez sans attendre.

MUFFIN AU BACON AVEC UN ŒUF COULANT

POUR 4 PERSONNES • PRÉPARATION : 5 MIN • CUISSON : 10 MIN

4 muffins + 16 tranches de bacon + 8 tranches de Leerdammer® + 2 œufs
2 tomates coupées en tranches fines

❒ Faites cuire les œufs 6 minutes dans une casserole d'eau bouillante, puis plongez-les dans de l'eau glacée avant de les écaler.

❒ Faites griller le bacon dans une poêle antiadhésive bien chaude et les muffins dans un grille-pain.

❒ Déposez les tomates sur 4 demi-muffins. Faites ensuite alterner les tranches de bacon avec les tranches de fromage. Déposez enfin 1 demi-œuf au jaune coulant et refermez le muffin.

GRATIN TARTIFLETTE

POUR 4 PERSONNES • PRÉPARATION : 5 MIN • CUISSON : 15 MIN

500 g de pommes de terre cuites sous vide coupées en tranches + ½ reblochon sans la croûte coupé en gros cubes + 100 g de poitrine fumée taillée en allumettes + 15 cl de crème liquide entière + 1 gousse d'ail écrasée au presse-ail + Poivre

❒ Préchauffez le four à 210 °C (th. 7). Faites revenir la poitrine fumée dans une poêle à feu vif pendant 1 minute. Ajoutez les pommes de terre, l'ail, poivrez à votre goût et mélangez. Coupez tout de suite le feu et couvrez.

❒ Mettez le reblochon dans le bol d'un robot et mixez-le rapidement. Ajoutez la crème liquide et mélangez de nouveau.

❒ Alternez dans un moule de 15 cm de diamètre environ les couches de pommes de terre, de lardons et de fromage.

❒ Enfournez pour 12 minutes, puis passez sous le gril 2 minutes.

ROSTI AU THON

POUR 6 PERSONNES • PRÉPARATION : 15 MIN • CUISSON : 10 MIN

500 g de pommes de terre + 200 g de thon en boîte, poids net égoutté + 1 œuf
10 cl d'huile de tournesol + 1 pincée de sel + 1 pincée de poivre + 1 cuil. à soupe
de gingembre + 1 cuil. à soupe de cumin + 1 cuil. à café de curcuma

❒ Épluchez et lavez les pommes de terre. Râpez-les et essorez-les en les pressant avec les mains dans une passoire pour retirer l'excédent d'eau.

❒ Ajoutez les épices – sel, poivre, gingembre, cumin et curcuma – et mélangez. Ajoutez l'œuf et le thon, mélangez encore.

❒ Mettez l'huile à chauffer dans une poêle et faites-y cuire des petits tas de cette préparation, 4 à 5 minutes de chaque côté, sur feu moyen.

❒ Déposez les galettes cuites sur du papier absorbant. Servez avec une salade verte et de la mayonnaise.

PARMENTIER DE BOUDIN AUX POMMES

POUR 4 PERSONNES • PRÉPARATION : 5 MIN • CUISSON : 13 MIN

300 g de boudin noir sans la peau + 500 g de purée surgelée + ½ pomme coupée en morceaux + 1 petit oignon épluché et coupé en morceaux + 1 cuil. à soupe de soupe à l'oignon déshydratée + 20 g de beurre + Sel, poivre

❒ Préchauffez le four à 220 °C (th. 7-8). Décongelez la purée selon les indications figurant sur l'emballage.

❒ Mixez assez finement la pomme et l'oignon.

❒ Faites revenir dans une sauteuse la pomme et l'oignon mixés avec 10 g de beurre pendant 2 minutes à feu moyen. Ajoutez le boudin noir, la soupe déshydratée et 10 cl d'eau, salez et poivrez à votre goût. Mélangez bien le tout et laissez cuire 3 minutes en remuant régulièrement.

❒ Étalez le contenu de la sauteuse au fond d'un plat à gratin, couvrez de purée et répartissez le beurre restant sur le dessus. Enfournez pour 5 minutes, puis passez sous un gril brûlant pendant 3 minutes.

BLETTES GRATINÉES À LA RACLETTE

POUR 4 PERSONNES • PRÉPARATION : 20 MIN • CUISSON : 35 MIN

1 kg de côtes de blette + 100 g de speck coupé en tranches fines + 40 g de noisettes
20 cl de crème fraîche épaisse + 150 g de fromage à raclette
1 pincée de noix de muscade + Sel, poivre

❒ Rincez les côtes de blette, coupez la partie verte que vous garderez pour une autre recette. Coupez la partie blanche en petits morceaux. Faites-les cuire à la vapeur pendant 15 minutes. Égouttez-les.

❒ Émincez le speck. Hachez grossièrement les noisettes. Préchauffez le four à 180 °C (th. 6).

❒ Disposez les côtes de blette bien égouttées et le speck dans un plat à gratin. Salez peu, poivrez, ajoutez la noix de muscade. Nappez de crème fraîche et rangez les tranches de fromage à raclette dessus. Ajoutez les noisettes et passez au four pendant 20 minutes.

CHORIZO, COMTÉ EN DÉS, MÂCHE, TOMATES SÉCHÉES, NOIX

POUR 4 PERSONNES • PRÉPARATION : 10 MIN • CUISSON : 2 MIN

90 g de chorizo + 60 g de comté + 4 poignées de mâche + 70 g de tomates séchées
40 g de noix + 3 cuil. à soupe d'huile de noix + 1 cuil. à soupe de vinaigre balsamique
Sel, poivre

❒ Coupez le chorizo en lamelles, puis faites-les revenir à la poêle à peine 2 minutes.

❒ Coupez le comté en dés, les tomates séchées en deux.

❒ Mettez dans des bols la mâche, le chorizo, le comté et les tomates séchées et, enfin, concassez les noix et parsemez-les sur les ingrédients.

❒ Réalisez la vinaigrette en mélangeant le vinaigre, l'huile, un peu de sel et de poivre et assaisonnez les bols.

Pour un repas encore plus consistant, ajoutez 1 cuillerée à soupe de riz complet par bol.

RISOTTO POULET PARMESAN

POUR 4 PERSONNES • PRÉPARATION : 15 MIN • CUISSON : 20 MIN

300 g de riz arborio ou carnaroli rond + 1 blanc de poulet + 100 g de parmesan râpé
1 oignon pelé et haché + 70 cl de fond de volaille + 2 cuil. à soupe de vin blanc
2 noix de beurre + Poivre

❒ Faites fondre l'oignon haché dans 1 noix de beurre. Ajoutez le riz et remuez jusqu'à ce qu'il soit translucide. Déglacez au vin blanc.

❒ Au fur et à mesure que le vin s'absorbe, versez une louche de fond de volaille chaud et remuez à la cuillère en bois.

❒ À part, faites cuire le blanc de poulet et découpez-le en petits morceaux.

❒ Lorsque le riz est cuit, ajoutez le reste de beurre, le poulet cuit et les deux tiers du parmesan. Répartissez dans des assiettes chaudes. Saupoudrez du parmesan restant et poivrez.

PÂTES À LA FONDUE DE POIREAUX

POUR 4 PERSONNES • PRÉPARATION : 15 MIN • CUISSON : 20 MIN

320 g de pâtes de blé dur en forme de penne + 3 poireaux + 2 échalotes + 1 gousse d'ail
15 cl de crème fleurette + 2 cuil. à soupe de vin blanc ou 1 cuil. à café de vinaigre de cidre
1 cuil. à soupe d'huile d'olive + 1 noix de beurre + 1 cuil. à café de Maïzena® ou de farine simple + 2 cuil. à soupe de parmesan en poudre + Sel

❐ Nettoyez les poireaux et coupez-les en tronçons de 5 cm environ, à recouper en deux dans la longueur. Épluchez et coupez les échalotes et la gousse d'ail de la même façon.

❐ Dans une grande sauteuse, mettez les poireaux à fondre à feu doux avec le beurre et l'huile pendant 15 minutes. Déglacez avec le vin et versez la crème. Mélangez la Maïzena® dans 1 cuillerée d'eau et ajoutez-la. Faites épaissir en montant le feu.

❐ Pendant ce temps, faites cuire les pâtes dans une grande quantité d'eau salée. Égouttez les pâtes lorsqu'elles sont *al dente*, autrement dit pas trop molles, et mélangez-les dans la sauteuse à la fondue de poireau. Saupoudrez de parmesan avant de servir.

LINGUINES AU SAUMON FUMÉ ET AUX PLEUROTES

POUR 4 PERSONNES • PRÉPARATION : 15 MIN • CUISSON : 12 MIN

300 g de linguines + 150 g de saumon fumé + 350 g de pleurotes + Le zeste râpé et le jus de ½ citron non traité + 6 cuil. à soupe de crème liquide à 15 % MG (ou crème de soja spécial cuisine) + 2 cuil. à soupe de persil plat ciselé + 1 cuil. à soupe d'échalote hachée 2 cuil. à soupe de purée de noisettes (Jean Hervé®, par exemple) + 1 cuil. à café d'huile d'olive + Sel fin et poivre

❒ Faites cuire les pâtes dans une casserole d'eau bouillante salée, 10 minutes environ, selon les indications portées sur le paquet.

❒ Pendant ce temps, nettoyez les pleurotes et rincez-les rapidement sous un filet d'eau fraîche, puis égouttez-les. Chauffez l'huile d'olive dans une sauteuse (ou un wok). Faires-y suer l'échalote avec 1 pincée de sel pendant 3 minutes, à feu moyen. Ajoutez les pleurotes, le zeste de citron et la moitié du persil. Salez et poivrez. Mélangez et faites revenir le tout 5 minutes.

❒ Égouttez les pâtes et ajoutez-les dans la sauteuse. Couvrez. Délayez la purée de noisettes avec la crème et le jus de citron, puis poivrez. Versez le tout sur les pâtes et mélangez. Poursuivez la cuisson 2 minutes.

❒ Coupez les tranches de saumon fumé en lanières et, hors du feu, ajoutez-les aux linguines. Servez immédiatement, parsemé du reste de persil.

SPAGHETTIS AUX ÉPINARDS, TOFU, TOMATES SÉCHÉES ET NOISETTES

POUR 2 PERSONNES • PRÉPARATION : 5 MIN • CUISSON : 8 MIN

120 g de spaghettis complets + 40 g de pousses d'épinard + 50 g de tofu aux herbes (au rayon bio) + 6 tomates séchées + 1 poignée de noisettes non salées + 1 cuil. à soupe d'huile de noisette + 1 pincée de sel + 1 pincée de poivre noir

❒ Rincez et séchez les épinards, détaillez les tomates séchées en petits morceaux et coupez le tofu en cubes. Versez ces ingrédients dans un saladier et ajoutez-y les noisettes préalablement concassées.

❒ Faites cuire les spaghettis 8 minutes à l'eau bouillante. Égouttez-les puis incorporez les pâtes à la préparation précédente.

❒ Ajoutez l'huile, le sel et le poivre, mélangez et servez aussitôt.

POULET ET CHAMPIGNONS À LA CRÈME

POUR 3 À 4 PERSONNES • PRÉPARATION : 15 MIN • CUISSON : 10 MIN

350 g de blanc de poulet fermier, bio ou Label Rouge + 250 g de champignons rosés
2 échalotes + 10 cl de crème fleurette + 2 cuil. à café d'huile d'olive
1 cuil. à soupe de Maïzena® ou de farine + Sel, poivre

❒ Essuyez les champignons avec un torchon propre pour enlever les impuretés. Coupez les queues, puis coupez-les en quatre.

❒ Épluchez et émincez les échalotes. Coupez les blancs de poulet en trois dans le sens de la longueur, poivrez-les et salez-les.

❒ Faites saisir les blancs dans 1 cuillerée à café d'huile d'olive, sur feu vif, et retirez-les de la poêle. Ajoutez les champignons et laissez-les suer 5 minutes sur feu vif à moyen. Ajoutez les échalotes et l'huile d'olive restante et procédez de même.

❒ Pour finir, ajoutez les blancs de poulet et la crème. Parsemez de Maïzena® et mélangez. Couvrez et laissez mijoter et épaissir sur feu moyen encore 5 minutes. Servez avec du riz ou des pommes de terre.

SAUMON GRILLÉ AU RISOTTO FACILE

POUR 4 PERSONNES • PRÉPARATION : 5 MIN • CUISSON : 20 MIN

4 darnes de saumon + 280 g de riz à risotto + 150 g de champignons de Paris au naturel émincés + 80 cl de bouillon de légumes + 1 cuil. à soupe d'huile d'olive + un peu pour la cuisson + 60 g de parmesan râpé + quelques feuilles d'origan + Sel, poivre

❒ Chauffez le bouillon au four à micro-ondes.

❒ Chauffez l'huile dans une casserole, ajoutez le riz et mélangez pendant 1 minute. Ajoutez les champignons et le bouillon, salez et poivrez à votre goût, remuez et faites cuire le tout à couvert 18 minutes en remuant une ou deux fois.

❒ Badigeonnez le saumon d'huile à l'aide d'un pinceau et faites-le cuire dans une poêle antiadhésive à feu vif 3 minutes de chaque côté.

❒ Ajoutez alors le parmesan au riz, mélangez, couvrez et laissez reposer 1 minute avant de servir.

❒ Déposez les darnes de saumon sur un lit de risotto et parsemez de feuilles d'origan.

COQUES AUX PETITS LARDONS

POUR 4 PERSONNES • PRÉPARATION : 15 MIN • DÉGORGEMENT : 1 H
CUISSON : 2 À 3 MIN

1,5 kg de coques + 200 g de poitrine demi-sel
10 cl de crème fraîche + 1 cuil. à soupe de feuilles de persil plat ciselées
Sel, poivre

❒ Mettez les coques à dégorger 1 heure dans un récipient d'eau froide salée pour qu'elles éliminent leur sable, puis rincez-les à grande eau et égouttez-les.

❒ Retirez la couenne et les cartilages de la poitrine demi-sel, taillez-la en très petits lardons et faites-les dorer à sec dans une poêle. Ajoutez la crème et remuez bien, poivrez un peu et retirez du feu.

❒ Versez 50 cl d'eau dans la marmite d'un cuit-vapeur et amenez à ébullition. Disposez les coques dans le panier perforé, ajustez le couvercle et faites-les cuire 2 à 3 minutes, jusqu'à ce qu'elles soient toutes ouvertes. Sortez-les avec une écumoire et mettez-les dans un plat creux bien chaud.

❒ Remettez la poêle contenant la crème et les lardons sur feu vif et ajoutez une petite louche de l'eau de cuisson des coques. Faites bouillir, puis versez sur le plat de coquillages, parsemez de persil et servez aussitôt.

BOUILLON MISO AUX CREVETTES ET AUX ALGUES

POUR 4 PERSONNES • PRÉPARATION : 10 MIN • CUISSON : 5 MIN
TREMPAGE : 5 MIN

3 cuil. à soupe de pâte miso + 16 crevettes cuites décortiquées (160 g)
4 pincées d'algue en paillettes + 50 g de vermicelles de soja + 3 cives rincées et émincées
3 brins de coriandre rincés et émincés

❒ Faites tremper les vermicelles de soja dans un bol d'eau froide pendant 5 minutes, puis égouttez-les. Rincez et épongez les crevettes, coupez-les en deux dans la longueur.

❒ Portez à ébullition 1 litre d'eau. Ajoutez les paillettes d'algue et la pâte miso. Remuez, retirez du feu.

❒ Répartissez les crevettes découpées, les vermicelles de soja et les herbes dans 4 bols. Versez le bouillon par-dessus et servez aussitôt.

PORRIDGE À LA MIMOLETTE, CHAMPIGNONS, ZA'ATAR ET NOIX

POUR 4 PERSONNES • PRÉPARATION : 5 MIN • CUISSON : 5 À 10 MIN

80 g de champignons + 100 g de flocons d'avoine + 60 g de mimolette râpée
Quelques noix + Za'atar + 1 cuil. à soupe d'huile de coco + Sel, poivre

❒ Coupez les champignons en fines lamelles. Faites fondre l'huile de coco et faites-y frire les champignons jusqu'à ce qu'ils dorent, 2 à 3 minutes.

❒ Portez 45 cl d'eau à ébullition, ajoutez les flocons d'avoine et laissez mijoter 2 à 3 minutes à feu doux, jusqu'à ce que tout le liquide soit absorbé. Retirez du feu et incorporez la mimolette, assaisonnez.

❒ Servez chaque portion garnie de champignons avec 1 pincée de za'atar et quelques morceaux de noix.

Variez la recette en l'accompagnant de morceaux de saucisse et quelques graines de fenouil.

TARTINES CACAHUÈTES, AVOCAT ET GRAINES GERMÉES

POUR 1 PERSONNE • PRÉPARATION : 5 MIN

2 tranches de pain complet ou 2 galettes d'épeautre ou de riz + 2 petites cuil. à café de purée de cacahuètes (au rayon bio)
La chair de 1 avocat + 1 cuil. à café de graines de sésame + 1 cuil. à café de noix de coco râpée
1 petite poignée de graines germées au choix (au rayon bio) + Sel, poivre

❐ Répartissez la purée de cacahuètes sur les tranches de pain préalablement grillées ou sur les galettes, et étalez-la au couteau.

❐ Découpez l'avocat en fines lamelles et déposez-le sur la purée de cacahuètes. Saupoudrez de graines de sésame et de noix de coco râpée. Répartissez les graines germées avant de saler et de poivrer, selon votre goût.

❐ Dégustez les tartines seules ou servez-les avec un mélange de jeunes pousses, garnies de pignons de pin grillés à la poêle ou de noisettes concassées et torréfiées.

CAROTTES LACTO-FERMENTÉES, AVOCAT ET POIS CHICHES

POUR 4 PERSONNES • PRÉPARATION : 10 MIN • CUISSON : 5 MIN

150 g de carottes lacto-fermentées + 2 avocats + 200 g de pois chiches déjà cuits ou en boîte + 100 g de feta + 1 cuil. à café de cumin + 2 cuil. à soupe d'huile d'olive
Sel, poivre

❒ Faites griller les pois chiches égouttés et séchés dans une poêle avec 1 cuillerée à soupe d'huile d'olive. Ajoutez le cumin en poudre, salez et poivrez.

❒ Coupez les avocats en deux, ôtez les noyaux et pelez-les. Coupez-les en cubes.

❒ Servez les pois chiches, l'avocat, les carottes lacto-fermentées dans des bols. Ajoutez la feta émiettée et poivrez.

L'avocat apporte de l'onctuosité à vos plats. C'est un aliment riche, mais ce sont de bonnes graisses.

BETTERAVE ET QUINOA ROUGE AU FROMAGE DE CHÈVRE

POUR 4 PERSONNES • PRÉPARATION : 15 MIN • CUISSON : 10 MIN

1 betterave cuite + 150 g de quinoa rouge + 200 g de fromage de chèvre frais
4 poignées de mâche + 2 cuil. à soupe d'huile d'olive + 1 cuil. à soupe de vinaigre balsamique
1 cuil. à café de graines de sésame + 5 brins de menthe + Sel, poivre

❒ Rincez le quinoa et faites-le cuire dans une fois et demie son volume d'eau bouillante salée pendant 8 minutes. Coupez le feu, couvrez et laissez gonfler pendant 5 minutes. Salez et poivrez.

❒ Pelez la betterave et coupez-la en rondelles. Saupoudrez de graines de sésame.

❒ Mélangez le fromage frais avec la menthe hachée.

❒ Rincez et triez la mâche. Mélangez le vinaigre balsamique, l'huile d'olive, salez et poivrez.

❒ Disposez les différents ingrédients dans des bols, arrosez les betteraves et la mâche de vinaigrette.

SALADE DE TOFU ET D'ÉPINARDS

POUR 4 PERSONNES • PRÉPARATION : 20 MIN • CUISSON : 1 MIN

300 g de tofu ferme soyeux + 350 g d'épinards + 2 oignons verts + 1 cm de gingembre
½ feuille d'algue nori + 3 cuil. à soupe de graines de sésame noir + un peu pour la décoration
2 cuil. à soupe de tamari (ou sauce soja) + 1 cuil. à soupe de sucre de canne + 1 cuil. à soupe d'huile de sésame + Sel, poivre

❒ Faites blanchir les épinards dans de l'eau bouillante pendant 1 minute avant de les transférer dans de l'eau glacée. Égouttez bien.

❒ Écrasez dans un petit bol ou un mortier les graines de sésame puis ajoutez le sucre. Quand vous aurez obtenu une pâte, versez le tamari, l'huile de sésame, goûtez et rectifiez l'assaisonnement.

❒ Versez la sauce sur les épinards, mélangez bien.

❒ Émincez les oignons verts. Coupez le tofu en tranches fines et déposez-les délicatement sur les épinards.

❒ Pelez et râpez le gingembre sur le tofu. Garnissez d'algue émiettée et d'oignons verts, parsemez de quelques graines de sésame et servez.

SALADE DE CHOU KALE, POMME ET QUINOA

POUR 4 PERSONNES • PRÉPARATION : 10 MIN • CUISSON : 10 MIN ENVIRON

1 bouquet de chou kale (400 g) + 1 pomme + 80 g de quinoa + ¼ d'oignon rouge
1 gousse d'ail + 60 g d'amandes torréfiées
2 cuil. à soupe d'huile d'olive + 2 cuil. à soupe de vinaigre balsamique + 1 cuil. à soupe de yaourt à la grecque + 1 cuil. à café de moutarde + Sel, poivre

❒ Faites cuire le quinoa en suivant les instructions sur l'emballage. Laissez reposer et égrenez.

❒ Épluchez et émincez l'oignon, découpez le chou kale en lanières en retirant la tige centrale, la pomme en fines lamelles. Hachez grossièrement les amandes.

❒ Mélangez dans un saladier la moutarde, la gousse d'ail épluchée et hachée, l'huile d'olive, le yaourt à la grecque et le vinaigre balsamique. Salez, poivrez.

❒ Ajoutez l'oignon, le chou kale, les lamelles de pomme, le quinoa et les amandes. Mélangez bien et servez.

SALADE DE JEUNES POUSSES À LA GRENADE

POUR 4 PERSONNES • PRÉPARATION : 15 MIN

120 g de pousses d'épinard + 20 radis rouges + 1 grenade + 8 cerneaux de noix hachés grossièrement + 3 tiges de coriandre rincées et effeuillées + 2 cuil. à soupe d'huile de noix 2 cuil. à soupe de vinaigre balsamique + Sel, poivre

❒ Rincez et essorez délicatement les pousses d'épinard. Lavez les radis, coupez-les en rondelles. Ouvrez la grenade, récupérez les graines charnues.

❒ Disposez les pousses d'épinard dans un saladier, ajoutez les radis, la grenade et les noix concassées. Assaisonnez de sel et poivre, d'huile de noix et de vinaigre balsamique.

❒ Décorez avec les feuilles de coriandre et servez aussitôt.

SALADE D'AVOCAT, POMELO ET GRAINES

POUR 4 PERSONNES • PRÉPARATION : 15 MIN • CUISSON : 3 MIN

1 bel avocat + 3 pomelos roses + 1 barquette de graines germées (alfalfa, betterave, roquette...) + 30 g de graines de tournesol
3 pincées de poudre de spiruline + 1 citron vert + 2 cuil. à soupe d'huile de noisette
Sel, poivre

- Coupez l'avocat en dés. Arrosez-le de jus de citron vert. Pelez les pomelos à vif, puis découpez délicatement les quartiers en éliminant la pellicule qui les entoure.
- Faites dorer les graines de tournesol dans une poêle, pendant 3 minutes, sans matière grasse.
- Rincez et essorez les graines germées.
- Disposez les quartiers de pomelo sur 4 assiettes. Ajoutez les dés d'avocat et les graines germées. Décorez avec les graines de tournesol, salez et poivrez.
- Ajoutez l'huile de noisette et arrosez de jus de citron vert. Saupoudrez de spiruline et servez aussitôt.

SALADE DE LENTILLES CORAIL, TOMATES ET CHOU ROUGE

POUR 4 PERSONNES • PRÉPARATION : 10 MIN • CUISSON : 15 MIN ENVIRON

400 g de lentilles corail + 150 g de tomates cerises + 40 g de tomates séchées
¼ de chou rouge + 60 g de raisins secs

Pour la vinaigrette : 4 cuil. à soupe d'huile d'olive + 1 cuil. à soupe de vinaigre balsamique
1 cuil. à café de miel + 1 cuil. à café de moutarde + 1 trait de jus de citron

❒ Faites cuire les lentilles en suivant les instructions sur l'emballage. Émincez les tomates séchées et le chou, coupez les tomates cerises en deux.

❒ Mélangez dans un petit bol le jus de citron, le miel, la moutarde, l'huile d'olive et le vinaigre.

❒ Mettez dans un saladier, les lentilles, les tomates séchées et fraîches, les raisins secs et le chou. Mélangez, versez la vinaigrette et servez.

HARICOTS VERTS, CREVETTES, RADIS ET SARRASIN

POUR 4 PERSONNES • PRÉPARATION : 15 MIN • CUISSON : 10 MIN

450 g de haricots verts + 400 g de grosses crevettes + Une dizaine de radis
250 g de sarrasin + Le jus de ½ citron + 1 cuil. à café de piment d'Espelette
1 cuil. à soupe d'huile d'olive + Sel

❒ Équeutez les haricots verts et faites-les cuire 10 minutes dans un grand volume d'eau bouillante salée.

❒ Faites cuire le sarrasin dans deux fois son volume d'eau salée pendant 10 minutes.

❒ Pendant ce temps, faites sauter les crevettes dans une poêle avec l'huile d'olive. Ajoutez le piment d'Espelette et le jus de citron.

❒ Lavez les radis et coupez-les en rondelle.

❒ Servez les différents ingrédients dans des bols.

POULET ET CÉLERI AUX GRAINES DE CHIA

POUR 4 PERSONNES • PRÉPARATION : 15 MIN • CUISSON : 10 MIN

400 g de blancs de poulet + 200 g de céleri + 2 cuil. à café de graines de chia
1 concombre + 400 g de tagliatelles complètes + 1 brin de persil
1 cuil. à soupe d'huile d'olive + Sel, poivre

❒ Pelez le céleri et coupez-le en fins bâtonnets avec un grand couteau. Lavez le concombre et coupez-le en fins bâtonnets également.

❒ Faites cuire les tagliatelles dans un grand volume d'eau salée en suivant les instructions sur l'emballage.

❒ Faites dorer les blancs de poulet dans une poêle bien chaude avec l'huile d'olive, 5 minutes de chaque côté, salez et poivrez. Coupez-le en lanières.

❒ Disposez les ingrédients dans des bols. Saupoudrez les légumes de persil ciselé et de graines de chia.

Les graines de chia ont de nombreuses vertus, notamment celle de favoriser la perte de poids.

SAUMON ET SARRASIN AUX ALGUES

POUR 4 PERSONNES • PRÉPARATION : 10 MIN • CUISSON : 10 MIN

400 g de saumon + 250 g de sarrasin + 4 cuil. à soupe d'algues nori + 4 cuil. à soupe de crème de soja + Le jus de 1 citron vert + Quelques brins d'aneth + Sel, poivre

❒ Réhydratez les algues dans de l'eau froide.

❒ Faites cuire le sarrasin 10 minutes dans de l'eau bouillante salée.

❒ Coupez le saumon en dés. Mélangez la crème de soja, le jus de citron, salez et poivrez.

❒ Égouttez les algues et disposez-les dans des bols avec le sarrasin et le saumon. Assaisonnez avec la crème de soja citronnée et parsemez d'aneth ciselé.

Intégrez des algues à votre alimentation, elles sont faibles en calories, mais extrêmement riches en protéines.

QUINOA ROUGE AUX ALGUES, RAISIN BLANC ET CONCOMBRE

POUR 4 PERSONNES • PRÉPARATION : 15 MIN • CUISSON : 10 MIN ENVIRON

350 g de quinoa rouge + 1 feuille d'algue nori + 200 g de raisins blancs
1 concombre + 2 cuil. à soupe de graines du boulanger
Huile d'olive + Le jus de ½ citron + Sel, poivre

❒ Rincez le quinoa. Dans une grande casserole d'eau bouillante, faites-le cuire en suivant les instructions sur l'emballage, transférez-le dans un saladier et égrenez-le à l'aide d'une fourchette.

❒ Coupez la feuille d'algue en fines lamelles. Rincez et coupez les grains de raisin en deux et le concombre en fines rondelles.

❒ Mélangez le tout dans un saladier, arrosez d'huile d'olive et de jus de citron, incorporez les graines du boulanger, goûtez et rectifiez l'assaisonnement.

RIZ AUX CAROTTES ET MAQUEREAUX, À LA SPIRULINE

POUR 4 PERSONNES • PRÉPARATION : 15 MIN • CUISSON : 10 MIN

240 g de riz basmati + 2 carottes + 4 filets de maquereaux
1 cuil. à café de spiruline + 1 cuil. à soupe d'huile d'argan + 1 cuil. à soupe d'huile d'olive
Le jus de ½ citron + Sel, poivre

❒ Rincez le riz et faites-le cuire dans un grand volume d'eau bouillante salée en suivant les instructions sur l'emballage.

❒ Pelez les carottes et râpez-les avec un robot ou une mandoline. Assaisonnez avec le jus de citron, l'huile d'argan et l'huile d'olive. Salez et poivrez.

❒ Faites cuire les filets de maquereaux 10 minutes dans un plat allant au four à 180 °C (th. 6).

❒ Servez les différents ingrédients dans des bols et saupoudrez de spiruline.

La spiruline est très riche en fer, vous pouvez en consommer sans modération.

ŒUFS AU PLAT À L'OIGNON-TOMATE-MOZZA

POUR 4 PERSONNES • PRÉPARATION : 10 MIN • CUISSON : 8 MIN • REPOS : 5 MIN

4 œufs frais + 20 billes de mozzarella + 8 tranches de tomate ou quelques tomates cerises
1 oignon épluché et émincé + 2 cuil. à café d'huile d'olive

❒ Mettez l'huile à chauffer à feu vif dans un poêlon en fonte. Faites-y fondre l'oignon et ajoutez les tomates cerises. Laissez cuire à feu moyen pendant 5 minutes.

❒ Mettez l'oignon et les tomates de côté. Séparez les blancs des jaunes et versez les blancs d'œufs pour une cuisson à feu moyen pendant 3 minutes. Ajoutez les jaunes et les billes de mozzarella. Coupez le feu et couvrez.

❒ Laissez reposer 5 minutes et servez ce plat complet avec du pain de campagne.

CROQUE-MONSIEUR À LA POÊLE

POUR 4 PERSONNES • PRÉPARATION : 10 MIN • CUISSON : 8 MIN

8 tranches de pain + 4 tranches de jambon + 200 g de fromage au choix, seul ou mélangé : comté, morbier, emmental + Cornichons + Salade verte : à volonté + Beurre
Poivre, paprika

❐ Garnissez généreusement 4 tranches de pain avec le jambon et des lichettes de fromage, et fermez les croque-monsieur avec les 4 autres tranches. Beurrez ces 4 tranches à l'extérieur, puis épicez-les.

❐ Déposez les croque-monsieur, d'abord côté beurre, dans une poêle préchauffée. Écrasez-les avec une spatule pour faire fondre le fromage, puis retournez-les : faites-les cuire 4 minutes environ de chaque côté.

❐ Servez ces croque-monsieur avec des cornichons et de la salade verte.

BAGELS AU SAUMON FUMÉ

POUR 4 PERSONNES • PRÉPARATION : 5 MIN • CUISSON : 1 MIN

4 pains à bagels + 1 petit concombre + 1 carotte + 4 petites tranches de saumon fumé
1 pot de fromage St Môret® + 1 botte de ciboulette + Poivre

❒ Brossez le concombre sous l'eau courante et tranchez-le épais. Épluchez et râpez la carotte.

❒ Ouvrez les pains et faites-les griller. Tartinez généreusement de St Môret® les intérieurs. Poivrez.

❒ Mettez 1 tranche de saumon sur les pains du dessous.

❒ Ajoutez des tranches de concombre et la carotte râpée, et parsemez de ciboulette lavée et ciselée.

Vous pouvez remplacer le concombre par des tranches d'oignon rouge et le fromage par des œufs brouillés.

TOASTS AUX PETITS ŒUFS

POUR 4 PERSONNES • PRÉPARATION : 15 MIN • CUISSON : 10 MIN • REPOS : 15 MIN

4 grandes tranches de pain de votre choix + 1 douzaine d'œufs de caille
100 g de fromage frais + 100 g de chou rouge + 1 avocat + 1 betterave cuite
Le jus de 1 citron + 1 cuil. à café de poudre de spiruline verte (ou poudre d'épinard)
1 cuil. à café d'échalote séchée + Quelques feuilles de salade pour servir + Sel

❒ Versez 1 litre d'eau dans une casserole, ajoutez le chou rouge coupé en morceaux, portez à ébullition et laissez 5 minutes à frémissement. Filtrez l'eau bleue et divisez-la dans 2 bols. Ajoutez du jus de citron dans l'un des deux pour que l'eau devienne rose.

❒ Faites cuire les œufs de caille 4 minutes dans de l'eau bouillante salée. Égouttez-les, puis écalez-les délicatement. Coupez-les en deux, enlevez délicatement le jaune avec une petite cuillère et réservez.

❒ Répartissez les demi-blancs d'œufs de caille dans les 2 bols et laissez-les tremper 15 minutes pour qu'ils se colorent. Égouttez-les et replacez (délicatement) les jaunes dans les blancs.

❒ Mélangez le fromage frais et la poudre de spiruline. Étalez le fromage bleu sur les tranches de pain (éventuellement toasté), puis ajoutez les œufs de caille.

❒ Coupez l'avocat et la betterave en tranches et découpez-y des formes avec des mini emporte-pièces. Disposez-les sur les tartines et saupoudrez d'échalote séchée. Servez avec quelques feuilles de salade.

WRAPS JAMBON FROMAGE

POUR 4 PERSONNES • PRÉPARATION : 5 MIN • CUISSON : 10 MIN

4 tortillas du commerce + 4 tranches de jambon cuit + 150 g de comté ou d'emmental
8 portions de fromage fondu, type La Vache qui rit® + 40 g de beurre

❒ Coupez le comté en fines lamelles.

❒ Tartinez les tortillas de fromage fondu. Recouvrez de jambon puis de lamelles de comté.

❒ Faites chauffer à feu moyen 10 g de beurre dans une crêpière. Posez une tortilla garnie dans la poêle, laissez-la dorer 30 secondes avant de la plier en deux à l'aide d'une large spatule. Poursuivez la cuisson pendant 1 minute, puis retournez-la et laissez-la encore cuire 1 minute à feu doux, afin que le fromage fonde.

❒ Procédez de même avec les 3 autres tortillas et dégustez chaud.

Vous pouvez remplacer La Vache qui rit® par une cuillerée à soupe de crème fraîche.

PIZZA AU STEAK HACHÉ

POUR 4 PERSONNES • PRÉPARATION : 5 MIN • CUISSON : 12 MIN

250 g de pâte à pain ou de pâte à pizza + 300 g de steak haché
6 tomates cerises coupées en deux + 1 boule de mozzarella + 3 cuil. à soupe de concentré de tomate + 2 cuil. à soupe de ketchup + 4 cuil. à soupe de parmesan râpé

Pour le hachis : 4 tiges de persil + ½ oignon épluché + 4 cornichons

❒ Préchauffez le four à 220 °C (th. 7-8).

❒ Coupez la mozzarella en tranches, puis pressez-les entre plusieurs épaisseurs de papier absorbant. N'hésitez pas à recommencer l'opération pour que la pizza ne soit pas détrempée.

❒ Préparez le hachis en mixant ensemble assez finement le persil, l'oignon et les cornichons.

❒ Déposez la pâte étalée sur une plaque couverte de papier sulfurisé. Étalez dessus le concentré de tomate et le ketchup, puis la moitié du parmesan. Répartissez la mozzarella, le steak haché et le hachis. Enfournez pour 12 minutes environ.

❒ Terminez en répartissant le parmesan restant et les tomates cerises.

FISHBURGER

POUR 4 PERSONNES • PRÉPARATION : 6 MIN • CUISSON : 8 MIN

4 pains à bagels coupés en deux + 4 pavés de dos de cabillaud de 120 g chacun + 1 œuf battu
2 tasses de chapelure + 1 cuil. à café de persil frisé + 1 cuil. à soupe d'amandes effilées
60 g de yaourt + 60 g de mayonnaise + 4 tiges de ciboulette finement hachées
1 cœur de salade effeuillée + ¼ de concombre coupé en tranches assez fines
Huile pour friture + Sel, poivre

❒ Mixez ensemble la chapelure, le persil, les amandes, du sel et du poivre. Roulez les pavés de cabillaud dans l'œuf battu, puis dans la chapelure, et faites-les frire 6 minutes environ dans un bain d'huile à 160 °C.

❒ Mélangez le yaourt, la mayonnaise et la ciboulette. Faites toaster les pains.

❒ Étalez la sauce sur 4 demi-bagels, déposez de la salade, le concombre, le poisson, de nouveau de la salade et refermez.

ASSIETTES À PICORER AUX POUSSES

POUR 4 PERSONNES • PRÉPARATION : 15 MIN

4 pains pitas ou tacos + Des herbes, au choix : ciboulette, persil plat, cerfeuil, basilic

Garniture de printemps : 2 blancs de poulet cuit + 1 carotte + 1 avocat + 5 radis roses
1 poignée de pousses de lentilles + 4 cuil. à soupe de houmous

Garniture d'automne : 200 g de filet, rôti ou grillade de porc + 1 carotte + 1 pomme
2 pommes de terre cuites + 1 poire + 5 cerneaux de noix écrasés + 4 cuil. à soupe de sauce mayonnaise

❒ Nettoyez, émincez et faites cuire tous les ingrédients.

❒ Mélangez la moitié de la sauce aux ingrédients préparés.

❒ Tartinez les pains de l'autre moitié de la sauce choisie et garnissez.

Selon les saisons, variez avec tomate, céleri-branche, œufs durs, feuilles de laitue et pourquoi pas avec quelques framboises. Ou mariez la carotte à de la betterave cuite, une poignée de graines de soja germé, une tasse de lentilles cuites et un filet de poisson fumé, type truite.

TOMATES FARCIES

POUR 4 PERSONNES • PRÉPARATION : 10 MIN • CUISSON : 50 MIN

4 tomates + 380 g de farce + 350 g de riz + ½ oignon haché finement
2 cuil. à soupe d'huile d'olive + Sel, poivre

❒ Faites cuire le riz selon le temps indiqué sur le paquet.

❒ Préchauffez le four à 180 °C (th. 6). Faites revenir l'oignon dans une poêle avec 1 cuillerée à soupe d'huile, à feu assez vif, jusqu'à ce qu'il commence à colorer.

❒ Mélangez la farce avec l'oignon revenu et 120 g de riz cuit, salez et poivrez.

❒ Coupez le sommet des tomates et évidez-les. Remplissez-les de farce et replacez les sommets.

❒ Placez les tomates dans un plat, arrosez-les de l'huile restante et enfournez pour 40 minutes. Servez les tomates avec le riz.

Vous pouvez aussi faire des tomates farcies avec de la chair de merguez, remplacez alors le riz par de la semoule !

RIZ PILAF JAMBON PETITS POIS

POUR 4 PERSONNES • PRÉPARATION : 10 MIN • CUISSON : 20 MIN • REPOS : 10 MIN

300 g de riz long + 150 g de petits pois congelés ou 300 g à écosser
1 tranche de jambon de Paris de ½ cm d'épaisseur + 1 échalote pelée et ciselée
1 cuil. à soupe d'huile d'olive + 1 noix de beurre

❒ Faites fondre l'échalote dans l'huile d'olive. Ajoutez le riz et 70 cl d'eau. Faites cuire à couvert pendant 20 minutes.

❒ Pendant ce temps, faites blanchir les petits pois en les plongeant dans l'eau bouillante pendant 1 minute s'ils sont congelés, 4 à 6 minutes s'ils sont frais. Coupez le jambon en cubes.

❒ Ajoutez les petits pois et le jambon dans le riz cuit avec la noix de beurre et laissez reposer à couvert pendant 10 minutes.

MINESTRONE AUX PÂTES ÉTOILES ROSES

POUR 4 PERSONNES • PRÉPARATION : 15 MIN • CUISSON : PLUTÔT 50 MIN

150 g de petites pâtes étoiles + 100 g de petits pois frais écossés
40 g de haricots blancs en bocal + 2 carottes + 1 chou rouge + 1 poireau + 1 bouquet garni
1 gousse d'ail + 1 cuil. à soupe d'huile d'olive + Le jus de ½ citron + Baies roses + Sel, poivre

❒ Rincez et égouttez les haricots blancs, puis faites-les cuire 30 minutes dans deux fois leur volume d'eau.

❒ Versez 1,5 l d'eau dans une casserole, ajoutez le chou rouge coupé en morceaux, portez à ébullition et laissez 5 minutes à frémissement. Retirez le chou ou filtrez l'eau et remettez-la dans la casserole. Portez l'eau bleue à ébullition et faites cuire les pâtes 5 minutes. Égouttez, versez l'huile d'olive et le jus de citron sur les pâtes et mélangez : elles deviennent roses.

❒ Pelez les carottes et coupez-les en petits dés. Coupez le blanc de poireau en tronçons. Faites cuire les carottes, le poireau et les petits pois dans une casserole d'eau salée avec le bouquet garni et la gousse d'ail pendant 20 minutes. Ajoutez les haricots blancs égouttés et les pâtes roses, parsemez de baies roses, poivrez et dégustez.

Si vous avez le temps, vous pouvez réaliser cette recette avec des haricots noirs à faire tremper 1 nuit dans de l'eau froide.

BOUILLON DE PETITS LÉGUMES AU CURCUMA ET PÂTES ALPHABET

POUR 4 PERSONNES • PRÉPARATION : 5 MIN • CUISSON : 15 MIN

400 g de julienne de légumes surgelée + 100 g de petites pâtes alphabet + 1 tablette de bouillon de légumes + 1 bonne pincée de curcuma + 5 brins de persil plat + Poivre

❒ Portez à ébullition 1 litre d'eau. Ajoutez la julienne de légumes et la tablette de bouillon, le curcuma, un peu de poivre. Couvrez et laissez cuire 5 minutes. Rincez et hachez le persil.

❒ Ajoutez les pâtes dans le bouillon, faites cuire encore 8 minutes et servez, parsemé de persil haché.

SAUCISSES, PÂTES TORSADES ET BROCOLIS

POUR 4 PERSONNES • PRÉPARATION : 5 MIN • CUISSON : 15 MIN

350 g de pâtes torsades + 300 g de brocolis + 4 saucisses + Le jus de ½ citron + Sel

❒ Lavez et coupez les brocolis en fleurettes, et faites-les cuire à la vapeur 15 minutes.

❒ Faites cuire les pâtes dans un grand volume d'eau bouillante salée en suivant les instructions sur l'emballage.

❒ Faites cuire les saucisses dans une poêle.

❒ Disposez les pâtes et les brocolis dans des bols et versez quelques gouttes de jus de citron. Ajoutez, pour finir, les saucisses que vous aurez découpées en morceaux.

COQUILLETTES, JAMBON ET PETITS POIS

POUR 4 PERSONNES • PRÉPARATION : 5 MIN • CUISSON : 15 MIN

400 g de coquillettes + 4 tranches de jambon + 320 g de petits pois
80 g d'emmental + Sel

❒ Faites cuire dans une casserole d'eau salée les petits pois 15 minutes et dans une seconde casserole d'eau bouillante salée versez les coquillettes et laissez-cuire le temps indiqué sur l'emballage.

❒ Découpez les tranches de jambon et l'emmental en cubes.

❒ Disposez dans des bols les coquillettes, les petits pois, puis le jambon et l'emmental, c'est prêt !

Les bols sont une bonne façon de préparer des repas équilibrés et qui plairont aux enfants.

PURÉE DE HARICOTS VERTS ET JAMBON GRATINÉE

POUR 4 PERSONNES • PRÉPARATION : 10 MIN • CUISSON : 20 MIN

400 g de purée de haricots verts surgelée + 400 g de purée de pommes de terre surgelée
200 g de jambon + 40 g de noisettes + 40 g de parmesan râpé + 20 g de beurre
Sel, poivre

❐ Faites décongeler les deux purées séparément au four à micro-ondes ou à feu doux dans une casserole. Hachez le jambon et les noisettes.

❐ Préchauffez le four à 180 °C (th. 6). Versez la purée de pommes de terre dans un plat à gratin. Répartissez par-dessus le jambon haché. Ajoutez la purée de haricots verts.

❐ Lissez la surface, saupoudrez de parmesan et de noisettes hachées. Salez et poivrez, puis répartissez le beurre coupé en petits morceaux et passez au four 15 minutes.

TOFU AU BASILIC CHINOIS

POUR 4 PERSONNES • PRÉPARATION : 15 MIN • CUISSON : 10 MIN

300 g de tofu + 1 oignon + 1 poivron + 1 tomate
5 brins de basilic chinois (ou de coriandre) + 1 pincée de graines de sésame
2 cuil. à soupe de sauce soja + 2 cuil. à soupe d'huile de tournesol + Poivre

❐ Coupez le tofu en dés. Pelez et émincez finement l'oignon. Lavez la tomate et coupez-la en dés en récupérant le jus. Lavez le poivron, puis découpez-le en fines lamelles. Rincez le basilic chinois, essuyez-le et effeuillez-le.

❐ Faites chauffer 1 cuillerée d'huile dans une large sauteuse ou dans un wok. Ajoutez le tofu et faites-le sauter à feu vif pendant 5 minutes en remuant. Il doit prendre une jolie couleur dorée. Réservez sur une assiette.

❐ Versez le reste d'huile dans la sauteuse, ajoutez l'oignon et le poivron. Laissez dorer 5 minutes en remuant, puis versez les dés de tomate avec leur jus.

❐ Ajoutez le tofu, la sauce soja et le basilic, poivrez. Mélangez sur feu vif. Parsemez de graines de sésame et servez aussitôt. Accompagnez de riz ou de germes de soja.

Utilisez pour cette recette les légumes que vous avez sous la main : courgettes, carottes, fleurettes de chou, chou blanc… Tous se marient avec le tofu, dont la saveur est assez neutre.

LÉGUMES AU CURRY VERT

POUR 4 PERSONNES • PRÉPARATION : 15 MIN • CUISSON : 20 MIN

1 aubergine + 1 courgette + 2 tomates + 1 patate douce + 3 cives
1 cuil. à soupe d'huile d'olive + 1 cuil. à café de curry vert + 20 cl de lait de coco
Sel, poivre

❒ Rincez et coupez l'aubergine, la courgette et les tomates en dés. Pelez, lavez et coupez la patate douce en dés. Rincez et hachez les cives.

❒ Faites sauter les dés d'aubergine, de courgette, de patate douce et de tomate, ainsi que la moitié des cives hachées avec l'huile d'olive, en remuant, pendant 5 minutes. Ajoutez le curry vert et le lait de coco. Salez et poivrez. Laissez mijoter 15 minutes.

❒ Décorez avec le reste des cives et servez bien chaud.

Vous pouvez ajouter des crevettes ou du tofu en fin de cuisson.

SALADE DE BŒUF AUX SAVEURS THAÏ

POUR 4 PERSONNES • PRÉPARATION : 15 MIN • CUISSON : 10 MIN

300 g de carpaccio de bœuf + 1 verre de riz basmati semi-complet + 2 carottes
2 tomates + 1 avocat + 1 citron vert + ½ concombre + 1 bouquet de coriandre + 2 cm de gingembre frais (ou à défaut 1 cuil. à café de gingembre en poudre) + 2 cuil. à soupe de noix de cajou + 1 cuil. à soupe de sauce soja sucrée + 1 cuil. à soupe de sauce soja salée
1 cuil. à soupe de vinaigre de riz + 3 cuil. à café de graines de sésame blond
Quelques gouttes d'huile de sésame + Sauce pimentée thaï type sriracha (facultatif)

❒ Faites cuire le riz basmati en suivant les indications sur l'emballage, puis égouttez-le et réservez-le.

❒ Pelez, épépinez et coupez le concombre en petits dés. Épépinez les tomates et coupez-les en dés. Épluchez et râpez les carottes. Mélangez ces légumes dans un saladier, arrosez-les de vinaigre de riz, de quelques gouttes d'huile de sésame, ajoutez 2 cuillerées à café de graines de sésame. Mélangez, goûtez et rectifiez l'assaisonnement si besoin. Réservez au frais.

❒ Préparez la sauce pour le bœuf : mélangez la sauce soja salée, la sauce soja sucrée, la coriandre ciselée et le gingembre pelé et râpé.

❒ Coupez le citron vert en six et l'avocat en petits dés. Arrosez-les avec le jus de 2 quartiers de citron. Détaillez les tranches de carpaccio grossièrement.

❒ Dressez dans des assiettes creuses : 3 cuillerées à soupe de riz, 3 cuillerées à soupe du mélange de légumes, ¼ de l'avocat, ¼ du carpaccio de bœuf. Arrosez la viande avec 3 cuillerées à café de la sauce au soja. Parsemez de noix de cajou concassées et de graines de sésame. Déposez 1 quartier de citron vert au centre de chaque assiette et servez en proposant à part la sauce pimentée thaï.

PORC À LA SICHUANAISE

POUR 4 PERSONNES • PRÉPARATION : 15 MIN • CUISSON : 1 H

500 g de viande de porc hachée + 80 g de légumes chinois macérés (en conserve, dans les épiceries asiatiques) + 3 oignons nouveaux
1 noix de gingembre frais + 1 blanc d'œuf + 1 cuil. à soupe de vin de riz ou de xérès sec
3 cuil. à soupe de sauce soja + 2 cuil. à café de sucre en poudre

❒ Rincez abondamment les légumes à l'eau courante, puis égouttez-les et hachez-les au couteau. Pelez et hachez très finement les oignons et le gingembre.

❒ Mettez tous les ingrédients ainsi que la viande dans un plat creux de taille adaptée à un cuit-vapeur et mélangez longuement. Creusez légèrement le centre.

❒ Versez 1 litre d'eau dans la marmite du cuit-vapeur et amenez à ébullition. Posez le plat dans le panier perforé, ajustez le couvercle et faites cuire 1 heure. Servez dans le plat de cuisson, accompagné de nouilles de riz sautées.

TRAVERS DE PORC À LA THAÏLANDAISE

POUR 4 PERSONNES • PRÉPARATION : 10 MIN • CUISSON : 1 H • MARINADE 12 H

1 kg de travers de porc + 3 gousses d'ail + 1 petite noix de gingembre frais
25 g de racines de coriandre (dans les épiceries asiatiques) + 1 cuil. à soupe de sauce soja
1 cuil. à soupe de sauce d'huîtres

❒ Demandez au boucher de couper les travers de porc en morceaux de 4 à 5 cm. Pelez et hachez très finement les gousses d'ail ainsi que le gingembre. Lavez soigneusement les racines de coriandre et émincez-les très finement.

❒ Mettez les travers de porc dans un plat creux avec tous les autres ingrédients, puis remuez longuement pour bien imprégner la viande. Couvrez et laissez mariner au réfrigérateur jusqu'au lendemain.

❒ Versez 1 litre d'eau dans la marmite d'un cuit-vapeur et amenez à ébullition. Posez une feuille de papier sulfurisé dans le fond du panier perforé et percez-la plusieurs fois. Posez les travers de porc dessus, ajustez le couvercle et faites cuire 1 heure, jusqu'à ce que la viande soit très tendre. Servez chaud avec des nouilles de riz éventuellement.

CREVETTES AU LAIT DE COCO ET CURRY VERT

POUR 4 PERSONNES • PRÉPARATION : 10 MIN • CUISSON : 15 MIN

500 g de crevettes cuites décortiquées + 1 oignon nouveau rincé et émincé
5 cl de lait de coco + 2 tomates rincées et coupées en dés
1 cuil. à soupe de pâte de curry vert + 1 feuille de kaffir (facultatif)
1 cuil. à café d'huile d'olive + Sel, poivre

❒ Rincez les crevettes, épongez-les dans du papier absorbant.

❒ Faites chauffer l'huile d'olive dans une sauteuse. Ajoutez l'oignon émincé, laissez dorer 3 minutes en remuant.

❒ Ajoutez les tomates, faites-les sauter à feu vif pendant 3 minutes.

❒ Versez le lait de coco, ajoutez la pâte de curry vert, la feuille de kaffir, du sel et du poivre. Laissez mijoter 5 minutes en remuant.

❒ Ajoutez les crevettes, couvrez et laissez cuire 3 minutes. Servez chaud.

PAVÉ DE SAUMON AUX NOUILLES CHINOISES

POUR 4 PERSONNES • PRÉPARATION : 15 MIN • CUISSON : 18 MIN

320 g de saumon mariné + 240 g de nouilles de riz + 4 cuil. à café de graines de sésame
4 cuil. à café d'huile de colza ou d'arachide + un peu pour la cuisson du saumon
4 cuil. à café d'huile de sésame + 3 cuil. à soupe de sauce soja

❒ Faites cuire les nouilles de riz à l'eau dans une grande casserole en suivant les indications sur l'emballage. Égouttez-les et mélangez avec les huiles et les graines de sésame. Réservez au chaud.

❒ Dans un peu d'huile, faites sauter le saumon coupé en morceaux 8 minutes environ. Ajoutez la sauce soja peu à peu pour faire caraméliser le poisson. Attention ! Ne le faites pas trop cuire, il perdrait son moelleux et deviendrait sec.

POULET TANDOORI, SAUCE YAOURT

POUR 4 PERSONNES • PRÉPARATION : 15 MIN • CUISSON : 12 À 15 MIN

4 cuisses ou 4 blancs de poulet + 2 cuil. à soupe d'huile de tournesol
Le jus fraîchement pressé de 1 citron + 2 cuil. à soupe de tandoori en poudre

Pour la sauce : 2 yaourts brassés + 1 cuil. à soupe de menthe finement ciselée
1 cuil. à soupe de coriandre finement ciselée + Sel

❒ Retirez la peau des morceaux de poulet ; si vous utilisez des cuisses, supprimez l'os. Coupez la volaille en gros cubes. Choisissez un plat pouvant aller dans le panier d'un cuit-vapeur. Versez-y l'huile et le jus de citron, ajoutez le tandoori et mélangez bien. Posez les morceaux de poulet dans le plat et remuez plusieurs fois pour les enrober complètement.

❒ Versez 1 litre d'eau dans la marmite du cuit-vapeur et amenez à ébullition. Posez le plat contenant le poulet dans le panier perforé, couvrez de papier sulfurisé et ajustez le couvercle, puis faites cuire de 12 à 15 minutes.

❒ Pendant la cuisson, mélangez les yaourts et les herbes ciselées en fouettant vivement pour obtenir une sauce bien lisse. Salez légèrement et versez dans un bol. Servez le poulet chaud, dans le plat de cuisson, avec la sauce.

POULET BYRIANI

POUR 6 PERSONNES • PRÉPARATION : 15 MIN • CUISSON : 50 MIN

12 pilons de poulet + 250 g de riz basmati + 200 g de pulpe de tomate + 2 oignons épluchés et hachés + 3 gousses d'ail écrasées + 20 cl de lait de coco + 60 cl de bouillon de volaille dégraissé + 2 cuil. à soupe de coriandre (ou de persil plat) ciselée 2 cm de gingembre frais râpé + 1 cuil. à café de curcuma en poudre + 2 cuil. à soupe d'huile d'arachide + Sel, poivre

❐ Rincez le riz, puis égouttez-le.

❐ Chauffez l'huile dans une cocotte à fond épais. Déposez-y les pilons, salez et poivrez, puis faites-les dorer de tous côtés à feu moyen. Réservez-les dans un plat creux.

❐ Ajoutez dans la cocotte les oignons, l'ail, le curcuma, le gingembre et 1 pincée de sel. Faites revenir le tout 5 minutes en remuant, puis remettez les pilons, arrosez avec le lait de coco et le bouillon. Ajoutez enfin le riz égoutté et la pulpe de tomate. Mélangez délicatement.

❐ Couvrez la cocotte et laissez mijoter 40 minutes à feu doux. Servez chaud, parsemé de coriandre (ou de persil).

TAJINE DE POULET AUX PRUNEAUX

POUR 4 PERSONNES • PRÉPARATION : 15 MIN • CUISSON : 40 MIN

2 belles cuisses de poulet coupées en deux + 500 g de petites pommes de terre (type roseval) + 12 pruneaux + 1 noix de margarine spéciale cuisson
1 oignon pelé et émincé + 1 cube de bouillon de volaille dégraissé
2 bâtons de cannelle + 1 cuil. à soupe d'huile d'olive + Sel, poivre

❒ Pelez et lavez les pommes de terre, puis essuyez-les. Coupez-les en quatre.

❒ Chauffez l'huile et la margarine dans une cocotte en fonte, à feu moyen. Ajoutez les morceaux de poulet, l'oignon et la cannelle. Salez et poivrez, puis faites dorer de tous côtés, en remuant.

❒ Baissez le feu et ajoutez les pruneaux, les pommes de terre et le cube de bouillon de volaille. Versez de l'eau à hauteur. Couvrez et laissez mijoter 30 minutes environ, en remuant de temps en temps. Ôtez le couvercle et laissez réduire le bouillon 5 minutes environ. Servez chaud.

CÔTELETTES D'AGNEAU AU RIZ À LA CANNELLE

POUR 6 PERSONNES • PRÉPARATION : 10 MIN • CUISSON : 40 MIN

1 kg de côtelettes d'agneau ou d'autre viande en morceaux + 400 g de riz complet
2 oignons épluchés et émincés + 1 cuil. à soupe de smen ou de beurre clarifié
2 bâtons de cannelle + Quelques pistils de Safran + Sel, poivre

❒ Faites revenir les oignons émincés dans une cocotte avec le smen. Ajoutez la viande, faites-la revenir.

❒ Salez, poivrez. Ajoutez les bâtons de cannelle et les pistils de safran. Couvrez d'eau (1 litre environ) à hauteur de la viande. Fermez la cocotte et laissez cuire.

❒ Quand la viande est cuite, retirez-la du bouillon à l'aide d'une écumoire et réservez-la au chaud.

❒ Rincez le riz et versez-le dans le bouillon de cuisson. Faites-le cuire comme un riz pilaf, jusqu'à ce qu'il absorbe la sauce et que les grains soient tendres. Si la sauce est bue, mais que les grains ne sont pas fermes, ajoutez de l'eau.

MERGUEZ ET ŒUFS À L'ORIENTALE

POUR 4 PERSONNES • PRÉPARATION : 4 MIN • CUISSON : 16 MIN

4 merguez coupées en tronçons + 4 œufs + 400 g de tomates concassées
30 g de poivrons à l'huile égouttés et hachés + 4 tiges de coriandre fraîche hachées
1 oignon épluché et émincé + 4 tiges d'origan frais effeuillées + quelques feuilles pour décorer +1 cuil. à soupe d'huile d'olive + 1 cuil. à café de harissa + Sel, poivre

- Faites revenir l'oignon et l'origan avec l'huile d'olive dans une sauteuse à feu vif pendant 3 minutes en mélangeant régulièrement. Ajoutez les merguez et laissez cuire 3 minutes supplémentaires, toujours en remuant régulièrement. Videz le gras.

- Ajoutez les tomates concassées, les poivrons, la coriandre et la harissa, salez et poivrez, et laissez cuire encore 5 minutes en mélangeant régulièrement.

- Déposez les œufs sur ce mélange et laissez cuire 5 minutes environ à couvert jusqu'à ce que les œufs soient cuits.

- Terminez en mettant dans les assiettes et en parsemant de quelques feuilles d'origan.

ROULÉ AU POULET À LA MEXICAINE

POUR 4 PERSONNES • PRÉPARATION : 8 MIN • CUISSON : 12 MIN

4 tortillas + 2 blancs de poulet + 1 avocat coupé en morceaux
12 mini-poivrons épépinés et coupés en deux + ½ oignon rouge émincé finement
1 oignon nouveau émincé, blanc et vert séparés
4 tiges de coriandre grossièrement hachées
Quelques gouttes de Tabasco® + 1 cuil. à soupe de jus de citron + Sel, poivre

- Mixez le blanc de l'oignon nouveau avec la coriandre. Ajoutez l'avocat, le Tabasco® et le jus de citron, et mixez jusqu'à obtenir une pâte lisse.
- Faites griller les poivrons sur un gril bien chaud 3 minutes de chaque côté et le poulet 12 minutes en le tournant régulièrement. Salez et poivrez à votre goût. Émincez finement le poulet cuit.
- Préparez le roulé en étalant sur les tortillas : une bande du mélange à l'avocat, de l'oignon rouge émincé, des poivrons, du blanc de poulet, du vert de l'oignon nouveau. Ajoutez quelques gouttes de Tabasco® selon votre goût.
- Terminez en roulant les tortillas.

RISOTTO À LA MILANAISE

POUR 4 PERSONNES • PRÉPARATION : 10 MIN • CUISSON : 30 MIN

250 g de riz rond (type arborio) + 2 courgettes + 30 g de parmesan + 1 oignon
1 l de bouillon de légumes + 3 cuil. à soupe de basilic ciselé + 1 dosette de pistils de safran
5 cl de vin blanc sec + 2 cuil. à soupe d'huile d'olive + Sel, poivre

❐ Chauffez le bouillon dans une casserole à feu doux et maintenez-le sur le feu pendant toute la durée de la recette.

❐ Pelez et hachez l'oignon. Lavez les courgettes, puis ôtez-en les extrémités et coupez-les en petits morceaux (avec la peau). Chauffez 1 cuillerée à soupe d'huile dans une poêle et faites-y revenir les courgettes 5 minutes à feu moyen. Réservez.

❐ Chauffez le reste d'huile dans un wok et faites-y suer l'oignon 3 minutes. Puis ajoutez le riz et mélangez 2 minutes environ, jusqu'à ce que les grains deviennent translucides. Parsemez de safran, remuez et versez le vin blanc. Laissez-le évaporer à feu vif, puis mouillez avec 1 louchée de bouillon. Remuez le riz jusqu'à ce qu'il ait absorbé tout le liquide et continuez ainsi jusqu'à ce que le riz soit crémeux (environ 20 minutes).

❐ Ajoutez le basilic et les courgettes, puis rectifiez l'assaisonnement. Mélangez et laissez cuire encore 2 minutes. Prélevez des copeaux de parmesan à l'aide d'un couteau Économe et parsemez-en le risotto. Servez aussitôt, bien chaud.

CHILI CON CARNE

POUR 4 PERSONNES • PRÉPARATION : 10 MIN • CUISSON : 30 MIN

200 g de viande de bœuf (à 5 % MG) hachée + 150 g de champignons de Paris
½ poivron vert + 4 cuil. à soupe de fromage râpé (facultatif) + 500 g de haricots rouges en boîte + 400 g de pulpe de tomate en boîte + ½ petite boîte de concentré de tomate
1 oignon + 1 gousse d'ail + 1 bouquet garni + ½ bouquet de coriandre + 1 sachet d'épices à chili + 1 cuil. à soupe de cumin en poudre + 1 cuil. à soupe de coriandre en poudre
1 clou de girofle + Tabasco® + 1 cuil. à soupe d'huile + Sel

❒ Pelez et émincez la gousse d'ail et l'oignon. Épépinez le demi-poivron et coupez-le en petits dés. Nettoyez les champignons, puis émincez-les.

❒ Chauffez l'huile dans une cocotte à fond épais. Faites-y revenir l'ail et l'oignon quelques minutes, sans les laisser colorer. Ajoutez les dés de poivron, mélangez, puis incorporez la viande hachée. Laissez cuire 5 minutes en remuant plusieurs fois avec une spatule en bois.

❒ Ajoutez la pulpe de tomate, les haricots rouges avec leur jus et les champignons. Mélangez, puis incorporez le concentré de tomate, le bouquet garni, le clou de girofle, la coriandre en poudre et le cumin. Couvrez la cocotte et laissez mijoter 20 minutes environ à feu doux. Enlevez le couvercle et laissez réduire le jus de cuisson, en remuant de temps en temps.

❒ Pendant ce temps, lavez, effeuillez et ciselez la coriandre fraîche. En fin de cuisson, ajoutez les épices à chili, quelques gouttes de Tabasco® et la coriandre ciselée. Rectifiez l'assaisonnement. Servez chaud et parsemez, si vous le souhaitez, de fromage râpé.

INDEX

RECETTES :

Thierry Roussillon : 4, 6 ; Zoé Armbruster : 8, 26, 123, 128, 130, 134, 142 ; Dorian Nieto : 10, 12, 14, 18, 20, 22, 23, 63, 65, 68, 101, 102, 104, 118, 152, 153, 156, 184, 186 ; Laura Annaert : 13, 24, 25, 30, 33, 34, 74, 76, 84, 98, 110, 111, 116, 144, 145, 146, 154, 158, 176 ; Stéphanie Jouan : 16, 23, 28, 32, 44, 46, 48, 170 ; Solveig Darrigo : 36, 38, 40, 42, 43, 70, 72, 85, 88, 93, 100, 112, 180, 182, 185, 188 ; Céline de Cérou : 45, 50, 82 ; Martine Lizambard : 52, 53, 54, 56, 58, 60, 64, 86, 90, 92, 120, 172, 173, 178 ; Véronique Liégeois : 62, 73, 94, 96, 106, 122, 132, 133, 162, 165, 166, 168, 174 ; Delphine Malachard des Reyssiers : 66 ; Virginie Robichon : 78, 80 ; Émilie Laraison : 83, 108, 125, 126, 136, 138, 140, 143, 148, 160, 163, 164 ; Admi Rabah : 103 ; Alice Greetham : 114, 124 ; Estérelle Payany : 150 ; Sherazade Laoudedj : 183

PHOTOGRAPHIES ET STYLISME :

Amandine Honegger / Sylvie Rost : 5, 7, 62, 107, 162, 165, 169 ; Zoé Armbruster : 9, 27, 123, 129, 131, 135, 142 ; Dorian Nieto : 11, 12, 15, 19, 21, 23, 63, 65, 69, 101, 102, 105, 119, 152, 153, 157, 184, 187 ; Claire Curt / Pauline Ricard-André : 13, 22, 24, 25, 31, 33, 35, 75, 77, 84, 99, 110, 111, 117, 144, 145, 147, 155, 159, 177 ; Stéphanie Jouan : 17, 29, 32, 44, 47, 49, 171 ; Éric Fénot / Delphine Brunet : 37, 39, 41, 42, 43, 52, 53, 55, 57, 59, 71, 72, 85, 89, 91, 100, 113, 181, 182, 185, 189 ; Céline de Cérou : 45, 51, 67, 87, 90, 93, 103, 121, 172, 173, 179 ; Pierre Chivoret / Victorine Ducoulombier : 61 ; Valéry Guedes / Natacha Arnoult : 65 ; Émilie Laraison : 73, 83, 97, 109, 122, 125, 127, 132, 133, 137, 139, 141, 143, 149, 161, 163, 164, 175 ; Virginie Robichon : 79, 81 ; Valéry Guedes : 94, 167 ; Julie Bienvenot : 115, 124 ; Valéry Guedes / Chae Rin Vincent : 151 ; Pierre Chivoret / Alexia Janny : 183

Directeur éditorial : **Didier Férat**

Édition : **Diane Monserat**

Graphisme : **Julia Philipps**

Mise en page : **Nord Compo**

Fabrication : **Laurence Duboscq**

ISBN : 978-2-263-17396-7

Code éditeur : L 17396

Dépôt légal : janvier 2021

Imprimé en Espagne par Macrolibros

FSC
www.fsc.org
MIXTE
Papier issu de sources responsables
FSC® C003309